en édition

...ation de la page couverture
Geneviève Côté

Rédacteur-conseil
Frédéric Simonnot

Correction d'épreuves
Nicole Labrecque

© Copyright OPDQ
1425, boul. René-Lévesque Ouest, bureau 703
Montréal (Québec) H3G 1T7
Canada
Téléphone: (514) 393-3733
Télécopieur: (514) 393-3582
opdq@opdq.org
http://www.opdq.org

Dépôt légal: 3ᵉ trimestre 1997
ISBN 2-921595-13-3

Imprimé au Canada

Remerciements

Nombreux sont ceux et celles qui ont participé directement ou indirectement à la rédaction de cet ouvrage. Nous tenons à les remercier d'avoir permis la réalisation de ce projet tant attendu:

Hélène Langlois, conceptrice-rédactrice, pour son excellente collaboration et le travail de vulgarisation des textes soumis par les diététistes/nutritionnistes;

Lise Tardif, secrétaire aux communications de l'Ordre professionnel des diététistes du Québec, pour sa disponibilité et son dévouement au projet;

De La Presse, Michel G. Tremblay, directeur de l'administration et des projets spéciaux au service de l'information, et Guy Pinard, chef de division au service de l'information, pour leur collaboration exceptionnelle;

Pierrette Gagné et Michel Lefèvre, de Publi-Relais, dont le rôle conseil en édition a été très apprécié;

Tous les diététistes/nutritionnistes qui ont accepté de rédiger un texte pour les chroniques de La Presse et d'en faire la mise à jour pour cet ouvrage; leur contribution à la réussite de ce projet a été indispensable.
Un grand merci.

Préface

Guidé par sa mission de protection du public, l'Ordre professionnel des diététistes du Québec s'est donné une grande priorité en 1997: éliminer la confusion qui règne autour du concept de saine alimentation.

La publication de deux ouvrages sur le sujet — le premier, intitulé *J'ai le goût des aliments, Saveurs et découvertes*, paru au printemps 1997, et le second, publié aujourd'hui sous le titre *J'ai le goût de la santé, Nutrition et équilibre*, — répond à cet objectif de clarification.

En réunissant des chroniques parues chaque semaine dans le quotidien *La Presse*, l'Ordre professionnel des diététistes du Québec livre un message cohérent aux consommateurs, qui, souvent désorientés, n'arrivent plus à faire les bons choix.

Trop de messages contradictoires provenant de sources d'information divergentes viennent encombrer les esprits et semer le doute. C'est d'ailleurs l'une des raisons pour lesquelles les diététistes/nutritionnistes ont décidé d'affirmer davantage leur leadership dans le champ de la nutrition. Tout en conseillant le grand public, ils veulent vulgariser l'information nutritionnelle afin de permettre à tout le monde d'appliquer facilement les principes de base de la nutrition au quotidien. Ceci, en tenant compte des divers modes de vie, ainsi que des facteurs socio-économiques, culturels et psychologiques qui influencent les habitudes alimentaires de chacun.

À l'instar du précédent, ce recueil fait la preuve que bon goût et nutrition peuvent aller de pair; de même que saine alimentation et équilibre peuvent se conjuguer facilement.

Dans ce volume-ci, au fil de chroniques vivantes et bien vulgarisées, les diététistes/nutritionnistes poursuivent naturellement leur route vers une bonne santé, faisant la transition de l'alimentation vers la science de la nutrition.

Micheline Seguin Bernier,
présidente de l'OPDQ

Avant-propos

N'avalez pas n'importe quoi!

On en entend de toutes sortes sur les thérapies dites nutritionnelles: le fameux régime qui, enfin, vous fait perdre les kilos en trop, la potion à boire trois fois par jour qui fait fondre vos graisses corporelles pendant la nuit, les cures amaigrissantes qui purifient votre corps, les combinaisons d'aliments qui sont, semble-t-il, essentielles à une bonne digestion, etc. La liste est longue, mais on sait ce qu'elle vaut!

À la mode, ces suggestions font continuellement des adeptes. Pas étonnant, puisque notre société pro-minceur nous bombarde de messages idéalisant la ligne et fait preuve de dédain à l'égard des personnes grasses. Le marché de l'amaigrissement — livres, produits et cliniques de perte de poids — est extrêmement lucratif et représente des millions de dollars.

Devant l'engouement du public pour les innombrables conseils magiques qui lui sont proposés, les diététistes/nutritionnistes remettent les pendules à l'heure et vous livrent un message on ne peut plus clair: «N'avalez pas n'importe quoi!»

Informez-vous de la crédibilité du produit ou du concept que l'on vous propose et faites preuve de vigilance à l'égard des intervenants que vous consultez. Votre santé est précieuse!

En attendant, le livre *J'ai le goût de la santé, Nutrition et équilibre*, saura répondre à vos questions relatives à la nutrition. Au fil des différentes chroniques, les auteurs, tous diététistes/nutritionnistes, expriment leurs opinions et transmettent leurs connaissances quant à la meilleure façon d'optimiser votre capital santé par une alimentation saine et équilibrée et un changement progressif de vos habitudes alimentaires.

La lecture de cet ouvrage de référence est un bon pas vers une meilleure compréhension des règles de la nutrition.

Annie Langlois, Dt.P.
Directrice des communications de l'OPDQ

Au fond des choses

Il existe actuellement beaucoup de confusion au sujet de la nutrition et même si les consommateurs s'intéressent de plus en plus à leur santé, leurs choix et leurs habitudes alimentaires n'en témoignent pas toujours. Les diététistes/nutritionnistes nous incitent donc à aller au fond des choses en nous livrant des informations à jour et exactes sur la diététique. En attirant l'attention sur plusieurs des mythes et produits miracles qui faussent notre jugement, ils nous encouragent à faire des choix éclairés en mettant de côté les préjugés et les mauvaises habitudes et en optant pour une approche globale de saine alimentation. La nutrition est une science complexe. Les diététistes/nutritionnistes s'efforcent de nous faire part de ses principes dans des termes clairs afin de nous permettre de les appliquer au quotidien.

La quête de la vérité

par Nathalie Lacourse, Dt.P.

En matière d'alimentation, on ne compte plus les mythes qui circulent depuis des siècles. Et c'est parfois avec regret que la toute jeune science de la diététique réussit à en venir à bout. Mais il faut bien que quelqu'un le fasse.

Trois exemples de croyances erronées, histoire de donner une idée du travail d'information qui reste à faire pour libérer notre corps de notre esprit parfois trop inventif...

Les diètes pour l'estomac

Lorsqu'on mange moins, l'estomac rapetisse. Faux. L'estomac est un sac musculaire souple et extensible qui sert à la digestion. Vide, il a un volume de 50 ml (1/4 tasse). À la suite de la consommation d'aliments, il peut s'étendre jusqu'à 1,5 l (6 tasses). En fait, l'estomac peut être comparé à un élastique. Il reprend sa forme initiale même après avoir été étiré pendant une longue période de temps. Un jeûne ou même une restriction énergétique sévère, pendant un régime par exemple, n'entraîneront jamais une diminution du volume initial de l'estomac.

Si l'on veut perdre du poids, on suggère plutôt de consommer une bonne quantité d'aliments riches en fibres. Généralement pauvres en gras et en sucre, ces derniers procurent un faible apport en énergie. En outre, comme les fibres alimentaires prennent une bonne part du volume de l'estomac, notre faim est plus rapidement apaisée.

Le fromage et la constipation

Le fromage provoque la constipation. Faux. Le fromage n'est pas un aliment constipant en soi. Le fonctionnement des intestins est plutôt influencé par l'ensemble de nos habitudes alimentaires et de notre mode de vie. Ainsi, la constipation doit surtout être attribuée au manque de fibres dans notre alimentation, à une faible consommation d'eau et à l'absence d'exercice physique. Une grande consommation de fromage — un aliment qui ne contient pas de fibres alimentaires — associée à un manque de variété dans l'alimentation, pourrait donc entraîner chez certaines personnes des problèmes de constipation.

En contribuant à régulariser les intestins, les fibres en améliorent le fonctionnement. Les fromages riches en gras ralentissent la digestion et peuvent provoquer une sensation de constipation. Précisons par ailleurs que ce malaise se caractérise par l'évacuation difficile de selles dures et sèches. C'est donc la consistance des selles plutôt que la fréquence qui détermine s'il y a un problème. Dans ce cas, la solution la plus efficace demeure une alimentation équilibrée basée sur les normes décrites dans le *Guide alimentaire canadien pour manger sainement*. Sans oublier que les fibres et l'eau jouent ici un rôle de premier plan.

Profitons-en pour rappeler que les meilleures sources de fibres sont, sans contredit, les produits céréaliers faits de grains entiers (pâtes alimentaires, pains, céréales, riz), les fruits, les légumes, les légumineuses (pois chiches, lentilles, haricots secs, etc.) ainsi que les noix et les graines.

Le miel et le sucre

Le miel est bien meilleur pour la santé que le sucre blanc. Faux. Il va sans dire que le miel est plus «naturel» que le sucre blanc, qui est raffiné en industrie. Cela dit, il renferme à peine plus de vitamines, de minéraux et d'eau que le sucre granulé. Par ailleurs, la valeur nutritive des deux aliments est très limitée: ils n'apportent que des calories superflues à l'organisme.

Et à quantité égale, le miel fournit un peu plus de calories que le sucre, 64 contre 50 pour 15 ml (1 c. à soupe). Cependant, le pouvoir sucrant du miel est plus élevé que celui du sucre. Ce qui signifie que, pour obtenir le même goût, une plus petite quantité de miel suffit.

Du point de vue de la composition chimique, les deux agents sucrants se ressemblent énormément. Le miel se compose de glucose et de fructose, tandis que le sucre est constitué de saccharose. Mais, une fois digéré, le saccharose se décompose en glucose et en fructose. Qui oserait encore prétendre que le miel est meilleur que le sucre? Miel et sucre fournissant les mêmes nutriments à l'organisme, la seule différence est le goût. Et des goûts, c'est vrai, on ne discute pas...

On voit, grâce à ces exemples, que bien que solidement ancrées, les croyances populaires ne sont pas toujours fondées. Aussi vaut-il mieux se renseigner si l'on veut éviter les déceptions. Au fait, il y a bien peu de chance que les épinards donnent une force comparable à celle de Popeye!

Le calcium pour la vie

par Annie Langlois, Dt.P.

Le propriétaire avisé qui se fait construire une habitation s'adresse bien sûr à l'entrepreneur le plus consciencieux qu'il connaisse. Comme il tient à ce que sa maison résiste aux intempéries pendant de nombreuses années, il insiste pour que les matériaux soient de la meilleure qualité. Lorsqu'il s'agit de la charpente de son corps, l'ossature, ne devrait-on pas être au moins aussi exigeant?

É videmment, l'âge adulte venu, le développement du squelette est terminé et les dents permanentes ont remplacé les dents de lait depuis belle lurette. Nombreux sont ceux qui ont tendance à croire que l'organisme n'a alors plus besoin de calcium. C'est tout à fait faux.

Un rôle crucial

L'os est un tissu vivant qui a besoin de calcium pour se régénérer sans cesse. En outre, jusqu'à 35 ans environ, la densité et l'épaisseur des os continuent d'augmenter. Par la suite, il s'agit de ralentir le plus possible la perte progressive de la masse osseuse par un apport quotidien adéquat de calcium.

En plus de «bâtir» l'ossature, le calcium aide à contrôler la contraction et le relâchement des muscles, influence la coagulation sanguine et la sécrétion d'hormones, assure le bon fonctionnement du système nerveux et régularise le rythme cardiaque. Afin de permettre à l'organisme de mener à bien toutes ces fonctions, il faut lui fournir une alimentation riche en calcium. Si tel n'est pas le cas, il compensera ses carences en puisant dans le capital osseux, ce qui pourrait entraîner de fâcheuses conséquences.

Une nécessité pour tous

Entre 19 et 49 ans, toutes les femmes devraient consommer au moins 700 milligrammes de calcium par jour. À compter de 50 ans, 800 milligrammes sont indispensables. Et certaines phases de la vie comme la grossesse, l'allaitement, la ménopause et la post-ménopause font l'objet de demandes accrues.

Pendant la grossesse, la femme subvient à la fois à ses propres besoins et à ceux de son enfant. Lors de l'allaitement, elle sécrète quotidiennement du calcium dans le lait qu'elle transmet au nourrisson. Dans ces cas précis, un apport supplémentaire de 500 milligrammes par jour est essentiel.

La ménopause, on le sait, provoque des changements hormonaux majeurs. Dans plusieurs cas, elle peut s'accompagner d'une diminution de la masse osseuse. Il est donc primordial de réagir rapidement, car l'ostéoporose (os poreux, minces et fragiles) guette une Canadienne sur quatre dès la ménopause, et une sur deux à compter de l'âge de 70 ans. Afin de contrer le problème fréquent des fractures liées à l'ostéoporose, certains experts suggèrent d'augmenter jusqu'à 1000 ou 1500 milligrammes la ration quotidienne de calcium des femmes ménopausées et plus particulièrement de celles qui souffrent d'ostéoporose.

Quant aux hommes, il faut savoir qu'un Canadien de plus de 60 ans sur six est atteint d'ostéoporose. C'est dire que les hommes eux aussi doivent faire des réserves de calcium pour résister. Dès l'âge de 19 ans, ils devront en prendre 800 milligrammes chaque jour. Même les aînés, tant les hommes que les femmes, en ont un réel besoin, car son absorption diminue avec l'âge.

Les meilleures sources de calcium

La Société de l'ostéoporose du Canada suggère «aux Canadiens de puiser leur calcium d'abord dans l'alimentation, principalement dans les produits laitiers». Deux à quatre portions de produits laitiers par jour satisfont en grande partie les besoins de tout adulte en santé. On recommande toutefois aux femmes enceintes et allaitantes d'en consommer de trois à quatre portions. Pour compléter l'apport nécessaire, on optera selon ses goûts pour d'autres aliments, qui contiennent aussi du calcium, mais en plus petite quantité.

Grâce au tableau de la page suivante[1], il est facile de composer des menus à haute teneur en calcium.

Aliments	Portion	Apport en calcium (mg)
Crème glacée	1/2 t ou 125 ml	93
Fromages: brick ou cheddar	50 g	350
Fromage cottage	1/2 t ou 125 ml	87
Lait entier, 2%, 1% ou écrémé	1 t ou 250 ml	315
Yogourt nature	3/4 t ou 175 g	294
Amandes	1/2 t ou 125 ml	200
Haricots rouges cuits	1 t ou 250 ml	52
Saumon Sockeye en conserve, avec les arêtes	1/2 boîte de 213 g	242
Orange	1 moyenne	72
Brocoli cru	1 tige	86

1. Source: Santé et Bien-être social Canada, *Fichier canadien sur les aliments nutritifs*, 1992.

Le paradoxe français

par Annie Langlois, Dt.P.

Les Français vivent en moyenne deux ans de plus que les Nord-Américains et ont 40% moins de problèmes cardiaques qu'eux. Pourtant, ils mangent des charcuteries, du fromage, du beurre... et boivent du vin. En outre, ils fument autant et ne font pas plus d'exercice. Que faut-il y comprendre?

On n'y comprend toujours pas grand-chose, et c'est la raison pour laquelle on parle du «paradoxe français.» La paternité de cette expression, qui a fait son apparition à la télé américaine en 1991, revient au docteur lyonnais Serge Renaud. Ce dernier affirmait en effet qu'une consommation modérée d'alcool pouvait réduire jusqu'à 50% le risque de souffrir d'une maladie cardiovasculaire.

Plus de fruits et légumes
Il ne faut pas en venir trop vite aux conclusions, car si les Français souffrent moins de maladies cardiovasculaires que les Américains, ce n'est pas uniquement grâce à leur consommation quotidienne d'alcool. Dans l'ensemble, les habitudes alimentaires des deux peuples diffèrent considérablement. Ainsi, les Français mangent plus de fruits et de légumes frais que les Américains. Par ailleurs, ils les consomment souvent crus ou peu cuits. En général, les fruits et les légumes sont de bonnes sources d'antioxydants (vitamine C et bêta-carotène), qui servent d'agents protecteurs pour le cœur.

De plus, les Français — les habitants du Sud de la France surtout — cuisinent avec de l'huile d'olive. De nombreuses études ont prouvé que cette huile, qui se compose principalement de graisses monoinsaturées, aurait des effets bénéfiques sur le cholestérol sanguin et réduirait par conséquent les risques de maladies cardiovasculaires.

Un autre mode de vie

En outre, les Français sont moins friands de «fast food» et consomment moins de produits gras transformés (hydrogénés) que les Américains. Ces derniers aliments sont généralement élevés en gras trans, un composé qui augmenterait les risques de maladies cardiovasculaires. Les gras trans se retrouvent notamment dans certains shortenings et margarines, ainsi que dans les frites, les beignes, les biscuits, les craquelins et les croustilles. L'apport moyen en gras trans des Français se situe à 3 grammes par jour tandis que celui des Américains atteint 10 grammes. Une différence appréciable, qui permet de mettre l'influence du vin en perspective.

Selon les chercheurs, le facteur génétique est d'une importance capitale quand vient le temps d'identifier les individus exposés aux maladies cardiovasculaires. Mais dans le cadre du paradoxe français, il en va autrement. De nombreuses études démontrent que les habitants du bassin de la Méditerranée — dont les Français — perdent leur protection contre les maladies cardiaques lorsqu'ils émigrent aux États-Unis, car ils y adoptent de nouvelles habitudes alimentaires et un mode de vie différent.

L'influence du vin

Les Français boivent en moyenne de deux à trois verres de vin par jour. Des études épidémiologiques indiquent que ce niveau de consommation peut être associé à une réduction de 40% de l'incidence de maladies cardiovasculaires. En effet, le vin provoquerait l'augmentation des concentrations des HDL cholestérol dans le sang. Ces substances transportent le cholestérol vers le foie pour qu'il y soit éliminé. Cela dit, si une consommation modérée d'alcool peut être bénéfique pour le cœur, une surconsommation peut au contraire avoir des effets désastreux à la fois sur le coeur et sur le foie. Les maladies du foie sont d'ailleurs responsables de 3% des décès en France, soit deux fois le taux observé aux États-Unis.

Un rapport sur les recommandations nutritionnelles publié aux États-Unis en 1990 conclut que l'alcool n'est pas recommandé pour prévenir les maladies cardiovasculaires. Premièrement, parce qu'il n'est pas prouvé qu'il soit efficace; deuxièmement, parce qu'il contribue à faire augmenter les risques d'hypertension et d'accidents cérébrovasculaires.

Ici, les recommandations de Santé et Bien-être Canada stipulent que la consommation d'alcool d'un adulte devrait se limiter à moins de 5% de son apport énergétique (calories) total quotidien, environ deux verres. Par ailleurs,

le *Guide alimentaire canadien pour manger sainement* incite plutôt à la modération en limitant la consommation quotidienne à une bouteille (350 ml) de
bière, 5 oz (150 ml) de vin ou 1 1/2 oz (50 ml) de spiritueux. Tous sont d'avis
que les femmes enceintes et en période d'allaitement doivent s'abstenir.

En somme, c'est l'ensemble des habitudes de vie, dont l'alimentation, qui
peut ou non protéger contre les maladies cardiovasculaires. Aussi, le vin que
l'on boit à table doit demeurer dans la liste des petits plaisirs que l'on aime
s'offrir de temps en temps.

Boire à profusion!

par Marline Hamel, Dt.P.

Principalement constitué d'eau, le corps humain perd jusqu'à 3 litres de ce précieux liquide toutes les 24 heures, que ce soit par la transpiration, la respiration ou l'élimination. Il faut donc constamment en refaire des réserves pour maintenir le bon fonctionnement de l'organisme.

Tous ceux qui ont un niveau d'activité normal devraient boire en moyenne huit verres de 250 millilitres (une tasse) d'eau par jour. Aussi devraient-ils boire et boire encore. Mais l'eau ne se trouve pas exclusivement sous forme liquide, car les aliments peuvent en fournir à l'organisme jusqu'à un litre par jour. En effet, les fruits et les légumes renferment jusqu'à 90 % d'eau, les viandes, jusqu'à 70 %, et les pains, jusqu'à 35 %. Et puis, comme l'eau est à la portée de tous, qu'elle ne fait pas grossir et qu'en plus elle procure des sels minéraux, il n'y a aucune raison de s'en passer.

Un besoin vital

Le besoin en eau, permanent chez tout individu, varie selon la quantité perdue par l'organisme en fonction du régime alimentaire, du travail musculaire et de la température ambiante. Ainsi, ce besoin sera davantage ressenti dans une pièce surchauffée qu'au grand air, par exemple. Pour compenser le déséquilibre métabolique alors produit, on boira plus souvent et plus abondamment à l'intérieur qu'à l'extérieur.

S'hydrater doit devenir un acte conscient, car on ne peut uniquement se fier à la sensation de soif pour combler ses besoins. Ne pas boire suffisamment entraîne des risques pour la santé, comme une mauvaise reconstitution des réserves cellulaires et une élimination ralentie des déchets par les reins. Il faut donc y veiller, car cela peut provoquer certaines infections urinaires ou un blocage partiel des reins.

L'eau, la femme enceinte et le bébé

Pendant la grossesse, la femme devrait boire au moins 1,5 litre d'eau par jour. À cette fin, l'eau deviendra la boisson principale. Le recours aux boissons sucrées sera réduit et l'alcool sera évité durant cette période. Quant au nourrisson, dont le corps contient encore plus d'eau que celui de l'adulte, il doit être sans cesse hydraté. Certaines situations particulières, comme la fièvre ou la diarrhée notamment, risquent de provoquer une déshydratation rapide fort nocive. De plus, comme le système de régulation des urines n'a pas encore atteint sa maturité, le bébé élimine au fur et à mesure. Aussi faut-il continuellement compenser les pertes.

Même si l'allaitement maternel constitue l'alimentation idéale à ce stade, il ne faut surtout pas négliger de le compléter par des biberons d'eau non sucrée en cas de fièvre ou en période de chaleur intense. Passé l'âge de l'allaitement, les biberons de lait ne seront pas surdosés. Toutefois, pour contenter le bébé au besoin, on lui fera boire de l'eau non sucrée. Pour être en bonne santé, le bébé doit prendre quotidiennement l'équivalent de 100 à 150 millilitres d'eau par kilogramme de poids.

Une eau de qualité

Convaincus que l'on doit boire de l'eau, on se questionne ensuite sur la qualité des produits offerts: eau du robinet, en bouteille ou filtrée. Le marché des eaux en bouteille provenant de sources souterraines a connu ces dernières années une croissance fulgurante. Les gens les préfèrent à l'eau du robinet, surtout en raison de leur bon goût.

En plus de s'inscrire dans un régime alimentaire sain, elles représentent un choix économique et sûr. En effet, elles sont assujetties à la Loi sur les aliments et les drogues de la division sur la protection de la santé de Santé et Bien-être social Canada. Afin d'en garantir la qualité, des inspecteurs visitent régulièrement les usines d'embouteillage. L'industrie est également réglementée par le ministère provincial de l'Environnement et divers services de santé municipaux.

Parallèlement au marché des eaux embouteillées, celui des systèmes de filtration a fait un bond spectaculaire. En effet, toutes sortes d'équipements existent qui sont censés améliorer la qualité de l'eau du robinet. Cependant, comme la compétition en ce domaine est forte, le consommateur devrait consulter une firme de recherche indépendante spécialisée avant de faire tout achat.

Qu'importe la formule choisie, il ne faut pas oublier qu'à tout âge, une vie saine, active et équilibrée est liée à une consommation suffisante d'eau.

Des vitamines à revendre!

par Renée Benoît, Dt.P.

Certains croient qu'en se prescrivant eux-mêmes des suppléments vitaminiques, ils se débarrasseront de leur rhume ou de leur fatigue. Mais les suppléments alimentaires miracles, vitamines — poly ou multi —, minéraux et autres n'ont pas toujours les vertus qu'on leur prête.

L es vitamines et les minéraux sont bien des composés essentiels à l'organisme. Ils permettent que d'autres substances soient transformées et que l'énergie des aliments soit utilisée efficacement. Cela dit, ils ne fournissent pas d'énergie eux-mêmes, car ils ne contiennent pas de calories.

Des suppléments superflus

L'organisme a besoin de plus d'une cinquantaine d'éléments nutritifs pour donner son plein rendement. Comme la plupart d'entre nous trouvent leur ration de vitamines et de minéraux dans les aliments qu'ils consomment quotidiennement, les suppléments vitaminiques deviennent superflus. Une variété d'aliments dans chacun des groupes du *Guide alimentaire canadien pour manger sainement* répond aux besoins de la majorité d'entre nous.

Il n'en demeure pas moins que certaines personnes peuvent en bénéficier avantageusement. La femme enceinte a des besoins accrus en fer et en folacine. Il est même souhaitable qu'elle prenne un supplément d'acide folique en préconception. Par ailleurs, l'organisme de celle qui prend des contraceptifs oraux depuis plusieurs années peut nécessiter un apport supplémentaire en vitamines du groupe B.

De leur côté, les enfants de moins de 12 ans qui habitent des régions où l'eau n'est pas fluorée bénéficieront des effets des suppléments de fluor. Les femmes et les hommes soumis à des régimes hypocaloriques sévères peuvent quant à eux éprouver le besoin de compenser les pertes qu'ils subissent. Enfin, les adeptes du végétarisme strict qui excluent de leur alimentation tout produit d'origine animale devraient consommer des suppléments de vitamine B_{12}.

Ce ne sont là que quelques exemples de cas pour lesquels les suppléments de vitamines et de minéraux s'avèrent utiles. Avant d'en consommer, une évaluation nutritionnelle, médicale, voire sociale et économique, est de rigueur.

Un choix surabondant

Au-delà de 250 produits de tous acabits et de tous prix sont offerts, tant sur le marché officiel que sur le marché parallèle. On les trouve sous forme de comprimés, de poudres ou de liquides. Compte tenu de l'étendue du choix, il est recommandé de demander l'avis d'un médecin ou d'un diététiste. Après avoir évalué globalement la situation, ils seront en mesure d'identifier les éventuelles carences et, le cas échéant, de proposer des solutions.

Alors que certains suppléments ne renferment qu'un seul élément nutritif, d'autres peuvent en contenir jusqu'à 29. En effet, la formulation passe facilement de la plus infime quantité à la mégadose pouvant représenter jusqu'à 600 fois l'apport nutritionnel recommandé. Loin d'être de quelconques suppléments, les mégavitamines ont une action médicamenteuse en raison de leur forte concentration. La seule raison valable qui en justifie l'usage est le traitement sous supervision d'une carence identifiée.

Un contre-effet possible

Comme les vitamines et les minéraux sont nécessaires à l'organisme, il est difficile de croire qu'un supplément puisse lui nuire. En agissant entre eux et avec les autres composants du régime alimentaire, les vitamines et les minéraux influencent l'absorption ou l'utilisation des éléments nutritifs. Il est donc aisé de déduire qu'un surplus peut parfois bouleverser le fonctionnement de l'organisme.

Une alimentation équilibrée devrait combler les besoins de toute personne en santé. Consommer des suppléments à la place de certains aliments ou groupes d'aliments serait une grossière erreur. En outre, comme la nutrition est une science encore jeune, il n'est pas impossible qu'elle découvre dans l'avenir des propriétés insoupçonnées aux aliments, propriétés que les suppléments n'ont pas. Par exemple, de récentes recherches démontrent que les fruits et les légumes riches en antioxydants (béta-carotène, vitamine C) ont un effet protecteur sur la santé vasculaire, le cancer et d'autres problèmes alors que ces mêmes antioxydants pris en suppléments ne procurent pas les mêmes bienfaits. En somme, la clé d'une bonne alimentation se trouve dans l'amélioration du panier à provisions.

La face cachée de la caféine

par Sonia Gascon, Dt.P.

Il est fréquent de voir un buveur de café en refuser une tasse en fin de soirée. Il sait qu'il doit s'abstenir pour bien dormir. En effet, la caféine que contiennent les grains de café excite le système nerveux et peut provoquer l'insomnie. Mais il n'y a pas que le café qui renferme de la caféine...

Des études rapportent que 60% de la caféine ingérée par les Canadiens provient du café, 30% du thé, et 10% des boissons gazeuses de type cola, du chocolat et de certains médicaments.

À petites doses

Les grains de café contiennent 1,2% de caféine, cette substance qui a un effet stimulant sur le système nerveux, les muscles et le coeur. Des études démontrent que la consommation de six tasses de café par jour peut provoquer une augmentation de la fréquence des maux de tête, de l'insomnie, des palpitations cardiaques et des tremblements. À dose modérée, le café semble cependant accroître la vigilance, l'endurance à des tâches répétitives et la vitesse de réaction intellectuelle. À l'encontre de certaines croyances, il ne protège pas contre les méfaits de l'alcool.

Les effets de cette substance se font ressentir rapidement. Un adulte en santé absorbe près de 99% de la caféine ingérée et cette dernière atteint son niveau maximum dans le sang de 30 à 60 minutes après la consommation. L'élimination de la caféine, quant à elle, varie d'une personne à l'autre. La moitié de la dose disparaît généralement trois heures et demie ou plus après la consommation, dépendant de certains facteurs. Le fœtus, le nouveau-né, la femme enceinte, l'utilisatrice de contraceptifs oraux et le patient atteint d'insuffisance hépatique grave ont besoin de plus de temps pour s'en défaire. Au contraire, les fumeurs l'éliminent très vite.

Attention au cœur

Selon différentes études, boire plus de quatre tasses de café par jour contribue à augmenter les risques de maladies cardiaques. En revanche, rien ne prouve qu'il existe une relation entre la caféine et le cancer. Plus rassurant encore est cet énoncé qui affirme que la plupart des gens peuvent prendre quotidiennement de 400 à 450 milligrammes de caféine — l'équivalent de quatre tasses de café — sans s'exposer davantage aux maladies cardiovasculaires ou à l'hypertension. Aussi, il est recommandé de respecter cette limite. Les femmes enceintes ou allaitant doivent faire preuve de modération, car la caféine traverse le placenta et s'infiltre même dans le lait maternel.

Consciente du fait que la consommation excessive de caféine comporte des risques, l'industrie a mis au point des procédés pour extraire la caféine du grain de café tout en conservant l'arôme et la saveur tant recherchés par les amateurs. Si l'on cherche à réduire sa consommation de caféine, il faut bien sûr boire moins de café, mais aussi moins de thé et de boissons gazeuses (voir tableau). Certains devraient également surveiller leur consommation de chocolat et opter pour le décaféiné.

Les principales sources de caféine

Sources	Quantité de caféine (mg)
• Café (1 tasse de 175 ml ou 6 oz)	
– filtre	108 à 180
– percolateur automatique	72 à 144
– instantané ordinaire	60 à 90
– grains moulus	66 à 78
– instantané décaféiné	moins de 6
• Thé (1 tasse de 175 ml ou 6 oz)	
– fort	78 à 108
– léger	18 à 24
• Boisson gazeuse de type cola (1 canette de 355 ml ou 12 oz)	28 à 64

- *Produits à base de cacao*
- – *chocolat (56 g ou 2 oz)*
  - *noir*   *40 à 50*
  - *au lait*   *3 à 20*
- – *chocolat chaud*
  - *(1 tasse de 175 ml ou 6 oz)*   *6 à 30*
- – *lait au chocolat*
  - *(1 verre de 250 ml ou 8 oz)*   *2 à 8*

- *Médicaments (1 comprimé)*
- – *contre le mal de tête*   *30 à 32*
- – *contre le rhume*   *15 à 30*

On constatera que les cafés ne possèdent pas tous la même teneur en caféine et que la concentration trouvée dans certains thés, chocolats ou médicaments mérite que l'on en tienne compte.

Mystérieux béta-carotène

par Diane Douville, Dt.P.

Qui n'a jamais rencontré un nourrisson au teint légèrement orangé? C'est qu'il mange beaucoup de carottes, répondent souvent les parents, et tout s'explique. Le béta-carotène a effectivement un effet sur le teint, mais ce n'est pas là son principal intérêt.

L e béta-carotène joue un rôle important dans la lutte contre la cécité nocturne, un trouble de la vision que l'on connaissait déjà dans la Grèce antique. Pour la soigner, à l'époque, on recommandait au patient de manger du foie. Ce qui n'était pas si bête puisqu'on sait aujourd'hui que cette maladie est causée par une déficience en vitamine A et que les principales sources de vitamine A sont d'origine animale. L'huile de foie de morue et le beurre en renferment de bonnes quantités.

Des effets internes

Mais quel lien existe-t-il entre le béta-carotène et la vitamine A? C'est simple: le béta-carotène, qui fait partie de la grande famille des caroténoïdes, permet à l'organisme humain de produire de la vitamine A. C'est en fait un pigment d'origine végétale qui est responsable de la couleur, du jaune le plus clair à l'orangé le plus foncé, d'un grand nombre de fruits et de légumes, notamment la carotte.

Les scientifiques ont longtemps pensé que le béta-carotène n'était essentiel qu'à la production de la vitamine A dans l'organisme. En fait, ce rôle, qui ne représente qu'une partie de son action, lui permet d'influencer la croissance et le développement du squelette et des tissus mous, de lutter contre les infections et d'agir sur le système immunitaire et la vision. En outre, le béta-carotène piège les radicaux libres, ces molécules qui peuvent endommager les membranes cellulaires. Plusieurs études démontrent également qu'il diminuerait les risques de certains cancers, d'artériosclérose et de cataracte.

Un rôle protecteur

Nos besoins en béta-carotène ne sont pas connus avec précision. Depuis quelques années, les recherches se multiplient pour les définir et en évaluer adéquatement les quantités présentes dans les aliments. On sait seulement que plus un fruit ou un légume est mûr, particulièrement ceux de couleur vert foncé ou orange, plus sa teneur en béta-carotène est élevée.

Malgré le manque de données sur nos besoins en béta-carotène, des évidences prouvent que des concentrations élevées dans le sang offrent une protection accrue contre plusieurs cancers, notamment celui du poumon. Les individus dont le sang contient peu de béta-carotène et qui ne consomment pas assez de fruits et de légumes courent de deux à sept fois plus de risque d'y faire face. On croit volontiers que le béta-carotène travaille de concert avec d'autres nutriments pour offrir cette protection.

Il est préférable de consommer du béta-carotène dans les aliments que de l'ingérer sous forme de suppléments, mais certaines conditions pathologiques comme la colite ulcéreuse ou la cirrhose hépatique peuvent engendrer des déficiences que les suppléments aident à corriger.

Un agent inoffensif

Peu de gens souffrent d'une surdose de béta-carotène. Le cas échéant, elle pourrait être due à la consommation excessive d'aliments à haute teneur en carotène ou de suppléments. Le teint deviendrait momentanément orangé. Sur une période prolongée, de fortes doses peuvent provoquer des troubles de la vision. Il faut cependant noter qu'un excès de béta-carotène n'entraîne pas d'accumulation de vitamine A dans le sang, pas plus que les symptômes qui y seraient associés: douleurs abdominales, somnolence, nausées ou céphalées, par exemple.

Grâce à son activité vitaminique A et à son attrayante couleur jaune, le béta-carotène est souvent utilisé comme additif ou colorant naturel dans le beurre, les boissons et les sauces. Pour jouir de tous les avantages qu'il procure, le *Guide alimentaire canadien pour manger sainement* recommande de manger 5 à 10 portions de fruits et légumes par jour en privilégiant ceux dont la couleur est orangée ou vert foncé.

Le danger sournois du diabète

par Marie-Claire Barbeau, Dt.P.

Au Québec, près de 500 000 personnes souffrent de diabète, c'est-à-dire près de 7% de la population. Toutefois, près de la moitié des gens qui sont affectés par cette maladie ne le savent même pas. Certains symptômes étant peu ou pas apparents, il vaut mieux être aux aguets.

Il faut surveiller les symptômes qui peuvent indiquer un diabète de type II, c'est-à-dire celui dont souffrent 85% à 90% des gens affectés. Ils se présentent sous diverses formes, dont une augmentation du volume et de la fréquence des urines, une soif intense, une bouche sèche, une faim exagérée, de la fatigue, de la somnolence. Ou encore un amaigrissement sensible, une vision brouillée, des infections génitales ou cutanées, des plaies qui guérissent mal, des démangeaisons ou une peau sèche. Si cette énumération éveille des soupçons, il vaut mieux consulter un médecin sans tarder.

Deux types de diabètes

Il y a deux types de diabète : le premier (type I) est causé par l'absence d'insuline, tandis que le second (type II) est dû à une insuffisance ou à un défaut d'utilisation de cette hormone. Mais qu'est-ce que l'insuline? Il s'agit en fait de l'hormone qui permet aux cellules de transformer le sucre ingéré en énergie. Elle aide aussi le foie à diminuer ou à suspendre sa production de sucre. Sans insuline, le sang contient trop de sucre, ce qui peut avoir à long terme de sérieuses répercussions sur les yeux, le cœur, les reins et les nerfs.

Après ces brèves explications, il est facile de comprendre qu'une alimentation équilibrée représente la pierre angulaire du traitement du diabète. Et que le diététiste est le spécialiste tout indiqué dans ce cas. Diabétique et diététiste établiront ensemble un plan d'alimentation personnalisé et efficace. Ce plan visera tout d'abord à fournir tous les éléments nutritifs nécessaires. Puis, il servira à contrôler les taux de sucre et de gras dans le sang. Enfin, il permettra au diabétique d'atteindre ou de maintenir un poids-santé. Pour certains diabétiques ayant un surplus important de poids difficile à perdre, l'objectif visé sera une réduction de poids légère ou modérée. Perdre de cinq à dix kilos pourra favoriser le contrôle du diabète même si l'on n'atteint pas son poids-santé.

Les précautions habituelles

Pour atteindre les objectifs visés, la personne diabétique prendra des repas équilibrés qu'elle élaborera en fonction des principes établis par le *Guide alimentaire canadien pour manger sainement*. Elle s'efforcera de maintenir une certaine régularité dans l'horaire et la composition de ses repas. De plus, elle diminuera sa consommation de matières grasses et de sucres raffinés.

Elle pratiquera régulièrement des activités physiques, surveillera attentivement son taux de sucre dans le sang, et prendra au besoin, selon les directives de son médecin, des comprimés (hypoglycémiants oraux) ou de l'insuline. Elle devra enfin arrêter de fumer, modérer sa consommation d'alcool et développer des stratégies pour gérer son stress. Toutes ces précautions permettront sans aucun doute d'améliorer la qualité de vie de la personne diabétique.

Facteurs de risque et ressources

Les personnes ayant des antécédents familiaux de diabète courent plus de risque que d'autres de développer la maladie. En outre, les facteurs suivants favorisent l'apparition du diabète de type II : l'obésité (environ 80% des diabétiques ont un surplus de poids), l'âge (40 ans et plus), la sédentarité, le diabète gestationnel ou de grossesse, la prise de certains médicaments et le stress provoqué par une autre maladie comme une infection grave ou un infarctus, par exemple. Comme on le voit, il y a bien plus qu'une cause à ce mal qui touche un si grand nombre de Québécois. Mais pour leur venir en aide, il existe toute une gamme de ressources.

L'Association Diabète Québec offre de nombreux services dont un programme d'enseignement, des conférences, le prêt et la vente de matériel audiovisuel, des publications et des documents d'information. En outre, plusieurs centres d'enseignement pour personnes diabétiques ont été créés dans toute la province.

Les aliments du désir

par Chantal Beaudoin, Dt.P.

Tirés des contes de fées, les philtres d'amour en ont fait rêver plus d'un. Ces mélanges miracles, que l'on destinait à celui ou à celle dont on était épris, aboutissaient parfois à de curieux résultats. Les aliments aphrodisiaques existent-ils vraiment?

Qui penserait encore à servir à l'être aimé des pêches dans le vinaigre, comme le faisait Cléopâtre pour attirer Marc-Antoine, ou des bâtons de cannelle dont les effets, selon la légende, servirent à unir Tristan et Iseult? À toutes les époques, l'homme a été à la recherche d'aliments capables de ranimer le désir sexuel. Ces aliments ont été qualifiés d'aphrodisiaques d'après Aphrodite, la déesse grecque de l'amour.

L'organisation des systèmes du désir (la libido, chez Freud) est fort complexe. En réalité, aucune substance organique, animale ou végétale ne peuvent les influencer. Généralement peu efficaces, elles n'ont en réalité, dans le meilleur des cas, qu'un effet psychologique. En janvier 1990 d'ailleurs, la Food and Drug Administration des États-Unis affirmait, au grand détriment de plusieurs, qu'aucun aliment, mis à part certains médicaments ou drogues souvent nuisibles à la santé, ne pouvait susciter la passion. Toutefois, l'expérience prouve que de nombreux produits peuvent stimuler nos sens de la vue, de l'odorat et du goût et, par ricochet, éveiller notre désir sexuel.

Quelques exemples

Dans la cuisine de l'amour, plantes et épices sont des figures de proue. Les premières plantes que l'on utilisa à des fins médicinales furent notamment choisies en raison de leur forme ou de leur texture. Ainsi, l'aspect phallique des bananes, des concombres ou des asperges, entre autres, leur valut leur popularité. La racine de ginseng, pour sa part, ressemblant à un être humain selon les Chinois, est reconnue comme une panacée. Il en est de même pour divers aliments auxquels on attribue des pouvoirs aphrodisiaques. Il suffit de penser à l'huître, par exemple, qui pour plusieurs rappelle les organes de reproduction féminins.

Certains minéraux et vitamines jouent également un rôle important dans nos élans amoureux. Le phosphore, essentiel à la croissance, possède, selon la croyance, des vertus allant bien au-delà de celles de la nutrition. De là, la popularité du homard, qui en renferme d'ailleurs une bonne quantité. La vitamine E, quant à elle, joue un rôle dans le fonctionnement de notre système reproducteur. Présente dans le germe de blé, on la retrouve concentrée dans le pain ou les céréales à grain entier. Il faut noter que l'alimentation nord-américaine comporte suffisamment à la fois de vitamine E et de phosphore pour combler nos besoins quotidiens.

Un effet indirect

Dans le passé, on utilisait fréquemment l'arôme des épices ou des herbes fraîches pour éveiller le désir sexuel. L'odorat était alors largement sollicité. Les épices aromatiques et piquantes comme le gingembre, la cannelle, le poivre, le clou de girofle ou la coriandre parfument d'ailleurs toujours les préparations dites aphrodisiaques. Les herbes, telles que la menthe et le romarin, sont également citées comme de merveilleux stimulants.

Pour sa part, le champagne, cette boisson aphrodisiaque entre toutes selon certains, trouve son pouvoir dans ses petites bulles pétillantes qui excitent à la fois l'œil et le palais. Quant à la popularité du chocolat, elle n'aura fait que grimper avec les années. Même s'il est impossible de retracer les origines de sa réputation, il est à ce point lié aux plaisirs des sens qu'on l'associe naturellement aux délices de la passion.

Il faut cependant faire attention aux effets négatifs de certains stimulants qui déclenchent rapidement une réaction cérébrale. Parmi les moins nocifs, on trouve le café et l'alcool. Pris à petites doses, l'alcool provoque pour sa part une baisse du stress et des inhibitions. Toutefois, au fur et à mesure que la consommation augmente, les capacités sexuelles diminuent. Une consommation régulière excessive peut même causer une incapacité permanente.

Les meilleurs aphrodisiaques doivent stimuler tous les sens, l'odorat avant tout. À ce propos, il faut se souvenir que le parfum le plus recherché, celui dont les effets de séduction sont les plus efficaces, est celui de la peau. Le plus simple des aphrodisiaques est toujours l'amour. Ce qui n'empêche pas de se concocter de temps à autre un repas fait d'huîtres, de homard, d'épices, et de chocolat, le tout arrosé de champagne...

L'hypoglycémie, un mal méconnu

par Marie-Claude Prévost, Dt.P.

Bien que l'on connaisse l'hypoglycémie depuis plus de 70 ans, peu d'études ont été entreprises sur le sujet. Aussi, le diagnostic et le traitement de cette maladie restent toujours mal connus et font encore l'objet de controverses. Mais on s'entend au moins sur les aliments à éviter...

C'est en 1924 qu'un médecin américain, le docteur Seale Harris, identifia l'hypoglycémie après avoir remarqué que certains de ses patients en bonne santé souffraient parfois de malaises semblables à ceux des diabétiques à qui l'on avait administré une trop forte dose d'insuline.

Les symptômes

Nervosité, sueurs froides, nausées, tremblements, étourdissements, maux de tête, fatigue chronique, irritabilité et parfois perte de conscience caractérisent l'hypoglycémie. Ces symptômes sont associés à une baisse de sucre dans le sang. Cette baisse de sucre survient en période de stress lorsque l'on mange trop peu (l'hypoglycémie de jeûne) ou à la suite d'un repas riche en sucre (l'hypoglycémie post-prandiale).

Des tumeurs au pancréas ou à l'abdomen, les premiers stades du diabète, l'alcoolisme et même certaines chirurgies peuvent provoquer les symptômes de l'hypoglycémie On parle alors de personnes atteintes d'hypoglycémie réactionnelle ou fonctionnelle.

L'hypoglycémie est le plus souvent causée par le stress combiné à une consommation de sucre concentré (confitures, gelées, miel, sirop, friandises, etc.). Le pancréas produit une abondante quantité d'insuline pour abaisser le taux de sucre dans le sang. Les glandes surrénales sécrètent à leur tour l'adrénaline qui remontera le taux de sucre, devenu trop faible. Celle-ci est responsable de certains des symptômes. Ce phénomène survient la plupart du temps entre une heure et demie et cinq heures après l'ingestion d'aliments.

La controverse

Mis à part les symptômes connus, certaines autres causes de l'hypoglycémie sont beaucoup moins évidentes. Par exemple, le niveau de sucre varie d'un sujet à l'autre et peut même demeurer normal chez certains individus en période de crise. On croit alors que les agents responsables de la maladie seraient le stress ou l'anxiété. Toutefois, les autorités médicales nord-américaines tendent à dénoncer l'abus de diagnostics d'hypoglycémie. On a constaté que certains spécialistes la confondent avec l'anxiété, la dépression, l'hystérie, la névrose ou l'épilepsie, et lient hypoglycémie à une foule d'autres affections, dont les allergies, l'asthme, l'ostéo-arthrite et la schizophrénie.

Comme les recherches ne sont pas encore concluantes, les diagnostics devront toujours être posés avec prudence. Cependant, il est un point sur lequel tous s'entendent: les personnes qui ont des symptômes d'hypoglycémie doivent autant que possible éviter le sucre, la cassonade, le miel, le sirop, le chocolat, la confiture et les boissons gazeuses. De plus, ils tolèrent mal la cigarette, le café, le thé et l'alcool. Dotés d'un pancréas très sensible, ils ne doivent surtout pas l'inciter à sécréter de trop fortes doses d'insuline.

Des repas fréquents

Pour leur part, les diététistes recommandent de prendre chaque jour trois petits repas riches en fibres et trois goûters contenant des protéines. Les fibres et les protéines ralentissent l'absorption du sucre dans le sang. Les goûters pourraient prendre l'allure d'un fruit accompagné de noix ou de fromage, d'un muffin peu sucré et de lait, de yogourt nature et d'un fruit, de crudités et d'une trempette à base de tofu ou encore d'humus (purée de pois chiches).

Les collations et repas fréquents uniformisent l'apport en sucre destiné au sang et au cerveau. D'ailleurs, il ne faut surtout pas sauter de repas. Toutefois, comme les réactions diffèrent d'un individu à l'autre, chacun aurait avantage à suivre attentivement un plan alimentaire personnalisé élaboré par un diététiste.

Pas de sucre concentré

Les sucres nécessaires au bon fonctionnement de l'organisme prennent diverses formes dans l'alimentation. Il faut donc faire les bons choix. La consommation de concentrés comme le sirop, le miel, les confitures, les gelées, les friandises, la cassonade, etc., doit être très restreinte. Les sucres simples (fruits, légumes sucrés et lait, entre autres) demandent qu'on leur porte une certaine attention.

Les sucres complexes se révèlent toujours une option sûre. Parmi les aliments contenant des glucides complexes, on retrouve les produits céréaliers à grain entier, le riz, les pâtes et les légumineuses.

Si l'on craint de souffrir d'hypoglycémie, on s'adressera à un médecin qui évaluera la situation. Par la suite, la prudence exige que l'on consulte un diététiste pour obtenir un plan alimentaire équilibré et individualisé en fonction de ses besoins. S'astreindre à un régime très restrictif sans l'aide d'un spécialiste en nutrition pourrait priver l'hypoglycémique des joies d'une alimentation variée et équilibrée. Éliminer les causes de stress, s'accorder du repos et des moments de loisir en plus de manger sainement permettent assurément de vaincre l'hypoglycémie. Un jour, comme une promesse, nous reviendrons à Hans Selye; ce grand découvreur du stress à qui l'on décerna 80 doctorats *honoris causa* et, de controverse, il n'y aura point...

Prévenir les réactions

par Julie Brunet, Dt.P.

Chez les adultes comme chez les enfants, certains aliments provoquent des réactions peu courantes. Qu'il s'agisse d'allergie ou d'intolérance, on peut prendre les moyens de se prémunir contre leurs effets désagréables sans pour autant renoncer à une alimentation équilibrée.

L'allergie est une réaction immunitaire à un aliment qui n'est pas toxique en lui-même. Simplement, l'organisme qui ne peut supporter l'agent allergène développe des anticorps. Plus la personne est exposée, plus l'organisme répond avec vigueur. Bien que les nourrissons et les enfants soient davantage victimes d'allergies alimentaires, certains adultes n'y échappent pas non plus. Ceux-ci sont en général sensibles aux fruits de mer, à certains fruits tels les agrumes et les fraises, aux œufs ou aux arachides.

La protection maternelle

Le lait de vache occupe par ailleurs le premier rang des facteurs allergènes chez le jeune enfant. L'allergie au lait de vache, qui correspond en réalité à une allergie aux protéines bovines, survient surtout au cours de la première année de vie, puis disparaît durant l'enfance. Pour réduire les risques chez le nourrisson, la maman favorisera l'allaitement maternel dès la naissance, et ce, jusqu'à l'âge d'au moins quatre mois.

L'utilisation prolongée du lait maternel est particulièrement recommandée pour les bébés ayant une histoire familiale d'allergies. Dans ce cas, il est également préférable d'éviter, durant les six à neuf premiers mois de vie, les aliments allergènes les plus courants. Toutefois, si la maman ne peut allaiter, une préparation lactée contenant, entre autres, des protéines hydrolysées, sera suggérée. Il faut cependant se rappeler qu'il n'existe pas de substitut idéal au lait de vache et que, lorsqu'on le remplace par une formule lactée, il faut surveiller de près les réactions potentielles.

Une question de vigilance

En lisant attentivement les étiquettes des produits alimentaires, les individus allergiques aux protéines bovines détecteront facilement leur présence. On les trouve dans le beurre, le bœuf, la caséinate, la caséine, la crème, le fromage, la gélatine, le gras de bœuf (suif), la lactalbumine, le lactosérum, le lait, les solides du lait, le petit lait, le veau et le yogourt. Puisque certaines protéines bovines sont détruites par la chaleur, certaines personnes allergiques pourront boire du lait bouilli, du lait concentré, du lait UHT ou du lait en poudre. Peu importe leur âge, les personnes souffrant d'allergies doivent s'abstenir de consommer l'aliment à risque ou suspect pour éviter tout ennui.

L'intolérance alimentaire

Une intolérance alimentaire ne provoque pas de réaction immunologique. Les anticorps ne viennent pas à la défense de l'organisme. Elle apparaît souvent chez les individus qui sont dépourvus d'une enzyme. L'organisme ne peut alors digérer certains constituants d'un aliment. L'intolérance peut aussi être provoquée par une infection, un empoisonnement (aliments avariés, intoxication par une toxine ou une bactérie, etc.) ou une réaction aux additifs alimentaires.

L'intolérance au lactose

Il arrive que certaines personnes digèrent mal le lactose (sucre du lait) contenu dans les produits laitiers. Commencent alors les crampes abdominales, les nausées, les diarrhées et les vomissements. À ce propos, il semble que les Nord-Américains de race blanche sont moins sujets à l'intolérance au lactose que d'autres groupes ethniques, les Asiatiques en particulier.

Comme une consommation quotidienne de produits laitiers est aussi indispensable à l'adulte qu'à l'enfant, certains trucs peuvent aider à contrer les effets d'une intolérance de ce genre. Les fromages affinés, les laits fermentés et les yogourts sont généralement bien tolérés par l'organisme de la personne souffrant d'intolérance, car les cultures bactériennes qu'on y ajoute réduisent la quantité de lactose. Il est aussi conseillé de ne pas boire de lait sans l'accompagner d'autres aliments; d'ajouter des gouttes ou des comprimés d'enzymes du commerce au lait; de choisir de préférence du lait frais partiellement écrémé à teneur réduite en lactose.

La sévérité d'une allergie ou d'une intolérance alimentaires varie d'un individu à l'autre. Les conseils d'un diététiste/nutritionniste seront donc utiles aux personnes atteintes qui souhaitent équilibrer leurs menus malgré tout.

La reine des vitamines

par Annie Langlois, Dt.P.

La vitamine C — aussi appelée acide ascorbique lorsqu'elle apparaît sous forme de supplément dans les produits vitaminiques et alimentaires — est sans conteste la plus recherchée des vitamines. Plusieurs croient même qu'elle a été spécifiquement inventée pour soigner le rhume!

Différentes études ont en effet démontré que des doses quotidiennes allant de 250 milligrammes à 2 grammes de vitamine C réduisaient la durée du rhume tout en agissant sur quelques-uns de ses symptômes. En revanche, d'autres recherches n'ont donné que des résultats négatifs ou ambigus. On a aussi suggéré que des doses de vitamine C supérieures à 1 gramme par jour pouvaient provoquer des effets secondaires tels que des douleurs abdominales et de la diarrhée.

Quoi qu'il en soit, chacun est en mesure de tirer ses propres conclusions quant à ses effets sur le rhume et la vitamine C n'a pas sa pareille dans plusieurs autres domaines...

Forte mais fragile

La vitamine C participe à la formation du collagène, une substance qui assure la structure des muscles, des tissus vasculaires, des os et du cartilage dans l'organisme. De plus, elle contribue à la santé des dents et des gencives et favorise l'absorption du fer contenu dans les aliments. Comme elle est hydrosoluble, c'est-à-dire qu'elle se dissout dans l'eau, elle ne peut pas être stockée dans l'organisme. C'est pourquoi, on doit s'en procurer tous les jours.

La vitamine C est très sensible à la chaleur, à la lumière et à l'air. Il faut donc prendre plusieurs précautions pour en conserver la teneur dans les aliments. On doit notamment surveiller les conditions et la durée de l'entreposage. Par exemple, des pommes de terre perdront jusqu'au tiers de leur contenu en vitamine C si elles sont gardées plus de trois mois. En outre, on portera un soin particulier à la préparation des fruits et des légumes. On évitera de les laisser tremper trop longtemps dans l'eau et de les surcuire. On privilégiera la cuisson à la vapeur. C'est ainsi que l'on obtiendra des produits dont on tirera le meilleur parti.

L'apport recommandé

Selon les recommandations émises par Santé Canada, un homme et une femme adultes devraient en prendre respectivement 40 et 30 milligrammes par jour. Les fumeurs et les fumeuses qui font usage de 20 cigarettes ou plus par jour ont des besoins accrus. Pour maintenir un bilan sanguin suffisant en vitamine C, ils doivent en ingérer 50% de plus que les non-fumeurs, ce qui équivaut à 60 milligrammes par jour pour un homme adulte et à 45 milligrammes pour une femme. Ces quantités suffisent à éliminer les risques de carence. Au Canada, comme la majorité de la population bénéficie d'une grande variété d'aliments sains, peu de gens présentent des symptômes cliniques de carence en vitamine C semblables à ceux que l'on peut observer dans de nombreux pays en voie de développement.

La nature faisant bien les choses, l'indispensable vitamine C est présente dans de nombreux produits délicieux. Il serait donc doublement dommage d'en manquer!

Teneur en vitamine C de quelques fruits et légumes

	milligrammes de vitamine C
Orange (1)	*70*
Jus d'orange frais (125 ml)	*66*
Kiwi (1)	*57*
Jus d'orange fait de concentré (125 ml)	*50*
Pamplemousse rose (1/2)	*47*
Fraises crues (125 ml)	*45*
Cantaloup frais (125 ml)	*36*
Brocoli cru (125 ml)	*116*
Choux de Bruxelles bouillis (125 ml)	*75*
Pois mange-tout bouillis (125 ml)	*41*
Chou-fleur cru (125 ml)	*38*
Patate douce cuite au four (1)	*28*
Poivron rouge bouilli (125 ml)	*23*

Source: Dubuc, Lahaie, Valeur nutritive des aliments, 7e édition, Société Brault-Lahaie,1993.

Les aliments anti-carie

par Pascale Morin, Dt.P., M.A. et Édith Painchaud, Dt.P., M.Sc.

Le mode de vie moderne favorise la consommation fréquente de petits repas et de collations. Manger ainsi n'est pas un mal en soi, mais les collations prennent bien souvent la forme d'aliments riches en sucres concentrés qui constituent un important facteur de risque pour la santé dentaire en favorisant la prolifération des bactéries...

P our que l'organisme puisse en tirer profit, les aliments doivent être broyés par les dents et humectés par la salive avant d'être avalés. On ne saurait donc trop insister sur l'importance du maintien en bon état de l'appareil masticateur, et plus particulièrement des dents.

Gare au sucre

La consommation d'aliments sucrés favorise la carie. En effet, les composants du sucre nourrissent les bactéries qui forment le film transparent qui se dépose sur la surface des dents, ce que l'on appelle la plaque. Actives, les bactéries se transforment en acides qui dissolvent l'émail des dents. Bien entendu, on ne peut supprimer tous les sucres de l'alimentation, puisqu'on les trouve même dans les fruits, les légumes et le lait. D'ailleurs, en raison de leur faible concentration en sucre, ces aliments à l'état naturel ne présentent aucun danger.

Quant aux amidons et aux féculents, ce sont des composés de molécules de même nature que les sucres, mais moins accessibles aux bactéries. Qu'ils prennent la forme de céréales, de produits de boulangerie à grains entiers ou de pâtes alimentaires, ils peuvent être consommés sans danger pour les dents. En revanche, lorsqu'ils sont très raffinés, combinés à du sucre et cuits, ils subissent une première dégradation, ce qui entraîne une caramélisation et une modification de leur consistance. Ils deviennent alors très favorables à la prolifération des bactéries acidogènes.

Couramment répandu sous forme de sucre blanc, de miel ou de cassonade, le sucrose est de loin le sucre qui favorise le plus la carie dentaire. Les aliments sucrés collants sont les plus dangereux. Comme le sucre a tendance à s'accumuler sous la gencive et aux points de contact des dents, il devient pratiquement impossible à déloger par la seule action de la salive ou de la brosse. En raison de son influence sur la quantité d'acide formé, la concentration en sucre d'un aliment est étroitement liée au danger de développer des caries. Ainsi, une pâtisserie comporte plus de risque qu'un yogourt aux fruits.

Un attention constante

Si les fruits frais stimulent la production de salive, laquelle réduit l'acidité des aliments et minimise les risques de carie, ce n'est pas le cas des jus de fruit, des boissons aux fruits et des boissons gazeuses, qui sont toutes des boissons acides. Elles provoquent d'ailleurs l'érosion des dents — un phénomène apparenté à la carie — si elles sont sirotées. C'est pourquoi il vaut mieux proscrire l'utilisation du biberon de jus ou de toute autre boisson sucrée pour calmer un jeune enfant. En plus d'être très perméables, les dents des bambins sont sensibles à l'érosion et à la carie.

Pour étancher la soif, celle des petits comme celle des grands, il n'y a rien de tel que l'eau. Si l'on préfère une boisson nutritive, on opte pour du lait, même chocolaté: la caséine contenue dans le lait et les tannins du cacao possèdent des propriétés anti-carie. Enfin, l'utilisation d'une paille limite le contact du liquide avec les dents.

Si l'on agit à temps, il est possible d'enrayer le processus de détérioration. Le premier stade de déminéralisation, uniquement visible par radiographie, peut être freiné par une hygiène soignée et une saine alimentation mais, si l'on ne prend pas de précautions, la déminéralisation se poursuit et aboutit à la carie. On le voit, protéger ses dents demande une attention constante.

Petits trucs

Bon à savoir

L'acide produit par l'absorption d'un aliment sucré agit pendant 20 minutes avant de disparaître totalement dans la salive. Une consommation de sucré trois fois par jour entraîne par conséquent une exposition d'une durée de 60 minutes à ce bain acide. Quelques conseils pour limiter ce phénomène:

• Les laits de toutes sortes, le yogourt nature ou aromatisé, les céréales arrosées de lait, les fruits frais, les légumes, les biscottes et canapés, les laits brassés avec des fruits frais et les muffins maison aux grains entiers constituent une panoplie d'options saines ne favorisant pas la carie dentaire.

• Certains aliments comme le fromage, les noix, et les œufs contribuent à réduire l'acidité de la plaque. Consommés après des aliments sucrés, ils en neutralisent les effets.

• La cellulose, contenue notamment dans les légumes crus, est cariostatique, c'est-à-dire qu'elle augmente la production de salive, favorise le nettoyage de la bouche et prévient la formation de plaque.

• Il est préférable de manger des aliments sucrés pendant un repas qu'à l'heure de la collation. Cela dit, il ne faut jamais négliger de se brosser les dents ou de se rincer la bouche à l'eau immédiatement après en avoir consommé.

Le régime tabac

par Réjeanne Gougeon, Dt.P., Ph.D.

La crainte de prendre du poids fait souvent abdiquer les fumeurs qui tentent de se libérer de la nicotine. Or, il n'y a vraiment pas de quoi s'empêcher de prendre une décision aussi louable. Le gain de poids n'est ni systématique ni important...

Fumer fait souvent partie, dans une société obsédée par la minceur comme la nôtre, des moyens permettant de contrôler son poids. C'est même la raison qui en a poussé plusieurs à entamer leur première cigarette, selon différentes recherches.

La peur de grossir

Des études démontrent que la majorité des fumeurs pèsent en moyenne de 2,5 à 4,5 kilos de moins que les non-fumeurs. Dès qu'ils arrêtent de fumer cependant, leur poids atteint celui de la majorité, sans plus. Il n'y a donc pas lieu de s'inquiéter. Cette différence est difficile à expliquer. Malgré un manque évident de détails à ce sujet, on a pu remarquer que, tout en mangeant autant que les non-fumeurs, les fumeurs dépensent plus d'énergie et que leur métabolisme est plus exigeant.

Au cours de diverses recherches, on a également constaté que, privés de nicotine, les fumeurs dépensent moins d'énergie pour accomplir la même tâche que lorsqu'ils fument. Pour sa part, la femme enceinte qui fume prend généralement moins de poids durant la grossesse. On a donc associé cette dépense accrue d'énergie aux effets de la nicotine. Apparemment, moins de 24 heures après qu'un fumeur ait cessé de fumer, son organisme ralentit son métabolisme en ressentant l'absence de nicotine. On devient par conséquent plus susceptible de prendre du poids.

Manger pour compenser

Plusieurs hypothèses, qui ne sont pas de nature scientifique toutefois, portent à croire que le tabac (nicotine) joue un rôle dans la capacité du fumeur d'éviter les écarts de poids. Fumer est un comportement cognitif, sensoriel et physiologique. Il peut se substituer en partie à certains autres comportements humains, par exemple manger. L'usage du tabac modifierait d'ailleurs les sens du goût et de l'odorat. Inversement, il est fréquent qu'un fumeur privé de cigarette mange pour compenser.

Par ailleurs, certaines études prétendent que la nicotine provoquerait une diminution passagère de l'apport en sucre. D'autres démontrent qu'il existe bel et bien une corrélation entre le tabac et des apports plus élevés en sucrose, en alcool et en glucides. Bref, l'usage du tabac influence la capacité de conserver un poids stable. Lorsque des fumeurs cessent de fumer, ils ont tendance à engraisser parce que le fonctionnement de leur métabolisme diminue et qu'ils ont donc besoin de moins d'énergie.

Plus d'avantages que d'inconvénients

Une étude récente affirme que le gain de poids moyen d'un fumeur dès qu'il arrête de fumer se situe à 2,8 kilos chez les hommes et à 3,8 kilos chez les femmes. En fait, seuls 9,8 % des hommes et 13,4 % des femmes prennent plus de 13 kilos. Certaines personnes risquent toutefois de prendre plus de poids que d'autres. Il s'agit:

• des personnes de race noire;
• des individus de moins de 55 ans;
• des femmes dont le poids était sous la normale;
• des personnes qui fumaient plus de 15 cigarettes par jour;
• dcs femmes sédentaires.

Les résultats de cette étude confirment cependant que le gain de poids diminue avec le temps. Les statistiques révèlent aussi que le poids moyen d'une population qui a cessé de fumer se compare à celui d'une population qui n'a jamais fumé.

Pour vaincre un défi de cette taille, une attitude positive est indispensable. Il faut garder à l'esprit que le fait d'abandonner la cigarette engendre des effets bénéfiques pour la santé, qui dépassent de loin les inconvénients. L'usage à long terme de gomme à mâcher à la nicotine permet de moins engraisser. Pour leur part, les médicaments qui remplacent la nicotine ne font que repousser l'effet de l'absence de nicotine. Bref, il n'y a aucune raison valable de ne pas cesser de fumer! Surtout si, en posant ce geste, on adopte de nouvelles habitudes alimentaires et on s'adonne à un programme régulier d'exercices physiques, ou on essaie de diminuer le nombre d'activités sédentaires.

Aux sources de l'équilibre

Minceur et santé ne vont pas nécessairement de pair. Au mirage du poids idéal, il faut substituer la réalité du poids-santé. Ne tombons pas dans le piège des approches radicales et des diètes farfelues qui laissent de côté les éléments nutritifs de base et ne tiennent pas compte des découvertes récentes dans le domaine de l'obésité. Il est important d'être bien dans sa peau sans hypothéquer sa santé et, surtout, sans se priver du plaisir de bien manger. C'est une question d'équilibre, expliquent les diététistes/nutritionnistes. Ne prenons pas de décisions à la légère. Adoptons des habitudes de vie saines et durables; lançons-nous à la découverte des aliments; faisons plus de place dans nos horaires à l'exercice physique. C'est la meilleure stratégie pour atteindre et maintenir un poids-santé sans entrer dans le cycle infernal du désordre alimentaire.

Du poids idéal au poids-santé

par Annie Langlois, Dt.P.

Il y a quelques décennies, l'uniformité était de rigueur, que l'on ait 20 ou 60 ans. Un poids bien précis correspondait à une taille et à une ossature particulières. L'industrie du *nutri-market* voyait le jour et entrevoyait un avenir prometteur. On a donc longtemps parlé de poids idéal, mirage auquel on oppose heureusement aujourd'hui la réalité du poids-santé.

Depuis une dizaine d'années cependant, les recherches ont prouvé qu'à l'intérieur de la gamme des poids-santé, plusieurs poids peuvent convenir à une même taille. La science de la diététique ayant fait des progrès considérables, les diététistes-nutritionnistes s'accordent à dire que plusieurs facteurs influencent le poids et que l'on ne peut préconiser l'uniformité dans ce domaine.

Il n'est pas nécessaire de dépenser des fortunes dans des traitements, des régimes amaigrissants ou des aliments diététiques pour atteindre et maintenir son poids-santé. Pour la plupart d'entre nous, il suffit de manger sainement et d'avoir une activité physique régulière, comme on le souligne dans les *Recommandations alimentaires pour la santé des Canadiens et des Canadiennes* émises par Santé Canada. Viser un poids-santé, ce n'est pas sorcier!

Des facteurs à considérer

Pour s'assurer qu'une personne a atteint son poids-santé, il faut prendre en considération la grosseur de son ossature, son pourcentage de graisse corporelle et son développement musculaire. Il est donc faux de croire qu'à taille égale, tous les individus doivent maintenir l'aiguille de la balance au même niveau. À l'instar du surplus de poids, qui peut être nocif pour la santé — il accroît notamment les risques d'hypertension, de diabète et de troubles cardiovasculaires —, l'insuffisance de tissus adipeux (graisseux) présente certains inconvénients.

Certains sont à ce point obsédés par le poids dit «idéal» qu'ils sont pris de panique chaque fois qu'ils prennent un kilo. En fait, le poids n'équivaut qu'à une force de gravité exercée sur une masse. Or, une même masse peut être constituée d'une multitude de combinaisons d'os, de muscles, d'eau et de gras. De plus, ce qui représente le plus grand risque pour la santé n'est pas le poids mais la répartition de la graisse corporelle. Les recherches ont d'ailleurs établi un lien entre l'excès de graisse au niveau de la taille, que l'on retrouve le plus souvent chez l'homme, et l'hypertension ou les maladies cardiovasculaires.

La seule référence

Les personnes trop grasses ou trop maigres s'exposent à des problèmes de santé, chercher à atteindre son poids-santé s'avère une stratégie gagnante. Il faut en effet souligner qu'il est aussi dangereux de se situer au-dessus de cette limite qu'en-dessous. Tout comme l'obésité, les pertes de poids drastiques, les régimes radicaux et la maigreur excessive peuvent occasionner de graves problèmes de santé.

Bouillonnantes d'activité dans le domaine de la santé, les années 80 ont conduit au concept du poids-santé, davantage associé au bien-être physique et psychologique qu'à des critères esthétiques. Celui-ci a permis d'établir des balises déterminant les zones présentant le moins de risques pour la santé. Grâce à la connaissance de son poids-santé, chacun peut désormais s'opposer en toute connaissance de cause à l'exploitation des multiples marchands de «silhouette parfaite».

Il est important d'atteindre et de maintenir son poids-santé tout en étant à l'écoute de son corps et en se sentant bien dans sa peau. À cet effet, ceux qui désirent perdre du poids doivent le faire de façon sûre et efficace en adoptant un programme misant sur des aliments sains, savoureux et nutritifs tout à la fois.

Un calcul tout simple

Pour avoir une idée de son poids-santé, on peut se servir de la mesure de poids communément appelée «indice de masse corporelle» (IMC): il faut diviser son poids en kilogrammes (diviser le nombre en livres par 2,2) par notre taille en mètres (multiplier la taille en po par 0,025) au carré. Prenons l'exemple d'une personne de 5 pi 4 po ou 64 po. Multiplions sa taille par 0,025. Cela donne 1,6 mètre. Mettons ce chiffre au carré en le multipliant par lui-même et cela donne 2,56. Si, par exemple, elle pèse 120 lb ou 54,5 kilos, son IMC est de 21,3, soit 54,5 divisé par 2,56.

Zone verte

De 20 à 25: Cet intervalle d'IMC est associé au plus faible risque de maladie chez la majorité des gens. Si vous êtes dans cet intervalle, restez-y!

Les risques de développer des problèmes de santé sont rares. Si l'on accepte l'idée que la santé prime l'esthétique, une plus grande variété de silhouettes devient du même coup acceptable. Pour rester bien dans sa peau, il faut chercher à se maintenir dans cet intervalle, en évitant autant que possible de frôler les extrêmes.

Zone jaune

De 25 à 27: Un indice de masse corporelle se situant entre 25 et 27 doit être considéré comme un avertissement. Mentionnons toutefois que certaines personnes peuvent obtenir un indice supérieur à 25 sans courir de risque, les athlètes par exemple, si l'on tient compte du fait que la masse musculaire est plus lourde que le tissu adipeux.

Zone rouge

Un IMC supérieur à 27 est associé à des risques plus élevés de problèmes de santé tels que les maladies du cœur, l'hypertension et le diabète. Il serait bon de consulter un médecin. On pourra aussi parvenir à atteindre son poids-santé en ayant recours aux conseils d'un diététiste pour tenter de modifier ses habitudes alimentaires et obtenir un plan personnalisé et équilibré. Un programme d'activités physiques simultané augmentera les chances de réussite.

Sous la normale

Moins de 20 : Un IMC inférieur à 20 peut indiquer des problèmes de santé chez certaines personnes. Il serait peut-être bon de consulter un diététiste et un médecin. Les personnes dont l'IMC est inférieur à 20, mais dont le poids est stable depuis plusieurs années, n'ont pas à s'inquiéter de leur état. En revanche, si l'indice se situe dans cette zone à la suite d'une importante perte de poids, il vaut mieux consulter. Des changements de poids notables peuvent être considérés comme des signaux à prendre au sérieux.

Le poids-santé permet en somme d'évaluer la condition des adultes en bonne santé dont l'âge varie de 20 à 65 ans. Il ne s'applique pas aux nourrissons, aux enfants, aux adolescents, aux athlètes, aux femmes enceintes ou allaitant ni aux personnes de plus de 65 ans.

Plutôt que de viser à devenir la personne la plus maigre en ville, il vaut mieux chercher à atteindre son poids-santé. Un concept sensé et invitant à la tolérance envers ceux et celles dont le poids est différent du nôtre. Nous pouvons tous, petits, grands, costauds ou minces, avoir un corps sain grâce à une alimentation équilibrée et des activités physiques régulières.

Source : Le Groupe d'experts des normes pondérales, Santé et Bien-être social Canada.

Le plaisir, c'est la santé

par Chantal Cusson, Dt.P.

Pour beaucoup, l'expression «alimentation santé» évoque un régime plus ou moins sévère à base d'aliments rébarbatifs. Cette perception est erronée. Il s'agit en fait d'un ensemble d'habitudes qui permet de maximiser le plaisir de bien manger en limitant seulement certains excès, notamment de sucre raffiné et de matières grasses.

C e n'est pas parce qu'un repas est dit «santé» qu'il se compose d'aliments ternes et insipides. Trop nombreux sont ceux qui dissocient goût agréable et santé. En effet, qu'y a-t-il de plus sain et délicieux à la fois qu'une soupe aux légumes maison fumante, un bouilli du jardin, une brochette de fruits de mer sur un lit de riz aux fines herbes — pourvu qu'on ne les noie pas dans le beurre à l'ail, bien sûr! —, ou un gâteau des anges arrosé d'un coulis de framboises chaud?

Développer son goût

S'il est vrai que l'on est de plus en plus sensibilisé au facteur santé, il va sans dire qu'au moment de faire nos emplettes, le goût demeure le principal critère. On aime ou on n'aime pas. On connaît ou on est intéressé à essayer. On est ouvert à la nouveauté ou plutôt traditionnaliste. En fait, on traîne avec soi tout un bagage d'expériences qui incite à acheter un aliment plutôt qu'un autre. Et ce bagage, on l'acquiert dès les premières années de la vie.

C'est donc dire qu'il est extrêmement important d'étendre le plus possible la gamme des expériences gustatives du jeune enfant. La curiosité face aux aliments, le goût et les préférences se développent très tôt. Les bambins se familiarisent en effet plus facilement et plus fréquemment que les adultes à de nouveaux aliments. On se doit donc de stimuler leur curiosité (et la nôtre du même coup) en introduisant petit à petit des produits inédits à leur palette culinaire, des produits frais notamment, et en leur faisant découvrir des cuisines

51

étrangères, différentes herbes et épices ou encore des modes de cuisson qui sortent de l'ordinaire.

Nourrir tous ses sens

Ainsi, les préférences alimentaires changent et évoluent au fil des ans — on n'a qu'à se rappeler le chemin parcouru depuis les premiers verres de vin, tasses de café ou plats indonésiens, par exemple —, en fonction de multiples influences, dont la culture, l'ethnie et les facteurs psychologiques, économiques ou émotionnels.

L'environnement, tant familial que social, joue également un rôle. Avec le temps, on en arrive à adopter des habitudes en élaborant des menus à l'aide des aliments que l'on préfère. Bien manger, c'est consommer une foule d'aliments qui comblent nos besoins tout en nous procurant du plaisir. Plaisir attribuable non seulement à leur goût, mais aussi à leur forme, leur couleur, leur parfum et même le bruit qu'ils produisent. Pensons, par exemple, au craquement d'une pomme fraîche et juteuse. Manger est donc un acte qui fait appel à tous les sens.

Couper dans le gras

Si l'on a un penchant pour les denrées à haute teneur en matières grasses, on devrait opter pour la modération. Car si tous les aliments, le fast-food et les grignotises y compris, peuvent faire partie de l'alimentation, il faut en contrôler la fréquence et la quantité. En outre, il est important de réapprendre à apprécier les aliments tels qu'ils sont. Une alimentation faible en lipides peut très bien être riche en couleurs, en saveurs et en textures. C'est l'ensemble de ce que l'on consomme qui fait la qualité d'une alimentation et non un aliment ou un menu particulier de temps en temps.

Au chapitre des desserts, qu'on n'aille pas s'imaginer que seul le yogourt nature puisse porter l'étiquette de dessert santé. Quand on songe aux salades de fruits, aux fraises fraîchement cueillies arrosées d'un soupçon de lait, aux cossetardes onctueuses, aux croustillants aux pommes ou au sorbet glacé, on se rend compte que le yogourt nature n'est qu'une option parmi d'autres. Et que l'on a tout à gagner à redécouvrir la vraie nature des aliments.

Si les aliments nutritifs sont la clé d'une bonne alimentation, ce sont naturellement ceux qui présentent l'avantage supplémentaire de combler le palais qui garantissent le succès d'un régime équilibré. Ainsi, santé et saveur vont de pair. En outre, les goûts ne se discutent pas...

L'essence du corps

par Annie Langlois, Dt.P.

De la même manière que les voitures requièrent de l'essence pour rouler, le corps a besoin d'énergie pour fonctionner. Son carburant, il le puise dans la nourriture, sous forme de calories. La seule différence, c'est qu'on ne sait pas toujours quand ni comment remplir le réservoir...

Chacun a sa manière particulière de brûler son carburant. C'est-à-dire que, tout comme les voitures dont les performances diffèrent les unes des autres, les êtres humains n'utilisent pas tous leur énergie de la même façon. Ainsi, la quantité de carburant nécessaire pour fonctionner varie d'un individu à l'autre.

Ordinaire et super

Au grand désarroi de plusieurs envieux, certains possèdent un métabolisme rapide et peuvent consommer de grandes quantités de nourriture sans pour autant prendre de poids. Ils transforment en énergie tout ce qu'ils consomment ou presque. Mais ce n'est pas le lot de la plupart d'entre nous. En somme, qui dit énergie, dit transformation des calories par l'organisme.

Pour arriver à travailler, à nous adapter au stress lié aux changements de température, à des variations dans la nourriture ou à des tensions émotionnelles, l'organisme a besoin d'énergie, donc de ces calories qu'il garde en réserve. Grâce à des mécanismes complexes, nos réserves sont sans cesse sollicitées et reconstituées à des fins diverses.

Les puits de ravitaillement

Tirée des aliments, l'énergie provient plus précisément des protéines (4 calories par gramme), des matières grasses (9 calories par gramme) et des glucides ou sucres (4 calories par gramme). Par ailleurs, un gramme d'alcool procure 7 calories. Pour leur part, les vitamines et les minéraux n'ont aucune valeur calorique.

La plupart des aliments contiennent des vitamines mais, contrairement à ce que plusieurs croient, ces dernières ne fournissent pas d'énergie. Elles aident cependant à transformer la nourriture en énergie, c'est-à-dire qu'elles contribuent au maintien de la température et de la santé du corps.

Calories et kilojoules

Tout comme les calories (cal), les kilojoules (kJ) constituent une mesure d'énergie — ce terme qui désigne l'unité de mesure de l'énergie dans le système international a été choisi en mémoire du physicien anglais du 19e siècle, James Prescot Joule. On aura donc avantage à savoir interpréter les valeurs en kilojoules et en calories indiquées sur les étiquettes de la plupart des produits. Pour commencer, il faut savoir que 1 calorie équivaut à 4,18 kilojoules.

Différentes cylindrées

En suivant les recommandations du Guide alimentaire canadien pour manger sainement, *l'alimentation fournit un minimum de 1800 calories par jour. Toutefois, les besoins alimentaires et nutritifs varient d'une personne à l'autre en fonction de plusieurs facteurs, dont l'âge, la taille, le sexe ou l'activité physique.*

L'âge - Les besoins énergétiques d'un adolescent sont généralement plus élevés que ceux d'un adulte. Parce qu'il est en période de croissance, un jeune de 12 ans peut avoir besoin du même nombre de calories qu'un homme de 30 ans, même si son poids est deux fois moindre. Il n'y a donc pas à s'étonner s'il demande une deuxième assiette.

La taille - Les besoins en vitamines, minéraux et énergie des personnes de grande taille sont supérieurs à la moyenne.

Le sexe - Les hommes ont généralement de plus fortes ossature et masse musculaire que les femmes. C'est pourquoi une femme plutôt sédentaire de 35 ans pesant 58 kilos se satisfera de 2100 calories par jour alors qu'un homme du même âge et tout aussi sédentaire pesant 70 kilos en aura besoin de 2600.

L'activité physique - Une augmentation du niveau d'activité physique entraînera bien entendu une augmentation des exigences en énergie.

La grossesse et l'allaitement - Pour que son bébé se développe normalement, la mère devra fournir à son corps un apport supplémentaire de nourriture. Sans manger comme deux, il lui faut satisfaire sa faim.

En prenant ces différences en considération, le Guide alimentaire canadien pour manger sainement *propose à chacun le nombre indispensable de portions quotidiennes de chaque groupe d'aliments. Il est recommandé de le consulter pour savoir à quoi correspond une portion et connaître le nombre de portions nécessaire à chacun. On peut se le procurer au CLSC de sa région. Les aliments nourrissent notre corps et il faut donc faire le plein à la fois sagement et régulièrement pour vivre en santé sans subir de panne d'énergie.*

Délirium trop mince!

par Johanne Beaulieu, Dt.P.

S'il est une industrie qui se porte bien, c'est celle des produits et des programmes amaigrissants. Tout le monde ou presque voudrait perdre du poids. En revanche, l'état des trop bons clients de cette industrie est moins réjouissant, car minceur et santé ne vont pas nécessairement de pair...

Les diététistes/nutritionnistes, qui luttent contre cette quête forcenée du corps «parfait» et maigre, prennent toujours garde de ne pas associer ces deux termes. L'Ordre professionnel des diététistes du Québec et le Collectif action alternative en obésité sont d'avis qu'il est insensé de chercher à maigrir en catastrophe dans le seul but de satisfaire à des critères esthétiques. Une perte de poids inconsidérée est souvent plus néfaste que bénéfique. Elle comporte des conséquences importantes sur le plan physiologique, psychologique et sur le rapport à la nourriture.

Une décision personnelle

Notre société valorise chez la femme la minceur, symbole de la discipline, de l'acharnement au travail et de la réussite féminine. Le modèle féminin proposé correspond davantage au corps d'un homme très mince ou à celui d'une jeune fille prépubère qu'à celui d'une femme adulte. De plus, influencés par l'image de la silhouette idéale que projettent les médias, nous avons parfois tendance à culpabiliser ceux qui souffrent d'embonpoint. Environ 80% des femmes qui suivent un régime amaigrissant le font par souci d'esthétique, et non de santé. Ces efforts en valent-ils la peine quand on sait que 95% de ceux qui se sont astreints à des régimes n'ont pas maintenu leur nouveau poids?

Un régime amaigrissant peut entraîner des modifications importantes du métabolisme en rendant le corps plus économe. Ce qui, à moyen terme, peut mener à l'atteinte d'un poids supérieur à celui que l'on avait avant de se mettre au régime. Perdre du poids n'est pas une décision qui se prend à la légère.

Pour porter ses fruits, un programme d'amaigrissement doit comprendre un changement de comportement alimentaire et de nouvelles habitudes saines et durables de vie. Il faut avant tout se questionner sur les véritables motifs qui justifient son choix : «Est-ce que je veux maigrir pour satisfaire aux exigences de la société, de mes proches ou à mes exigences personnelles? Quelle est pour moi l'importance des aliments? Ai-je tendance à évaluer ma valeur personnelle en fonction de mon poids? Suis-je conscient(e) des risques physiologiques et psychologiques que présentent les régimes à répétition? L'irréalisme du modèle féminin proposé m'amène-t-il à avoir une perception déformée de mon corps? Mon poids serait-il devenu une sorte d'écran sur lequel sont projetés tous mes problèmes?»

Des risques à considérer

Des risques, il y en a bien sûr, et de toutes sortes. Aussi, il ne faut rien négliger et bien se renseigner. Les stratégies traditionnelles de perte de poids offrent des formules standardisées qui ne tiennent pas compte des récentes découvertes dans le domaine de l'obésité et donnent peu de résultats permanents. Elles n'évaluent pas les besoins individuels, et encore moins le style de vie et la motivation de la personne. Ces programmes ne prennent en considération ni la constitution ni les antécédents d'un individu avant de faire l'évaluation de son potentiel de perte de poids. Bien souvent, elles nuisent à l'estime de soi en entretenant un sentiment d'échec lors des reprises de poids.

Plusieurs programmes d'amaigrissement peuvent causer des pertes de tissus maigres et de minéraux, de l'arythmie cardiaque, de l'hypoglycémie et divers autres problèmes. Pour leur part, les substituts de repas en poudre, en boisson ou en tablette constituent des dépannages instantanés qui contiennent peu de fibres alimentaires. Ils ne devraient jamais être envisagés comme des solutions à long terme. Des études démontrent en outre que les fluctuations de poids répétitives s'avèrent plus nocives pour la santé qu'un surplus de poids maintenu de façon stable.

Une réflexion nécessaire

Même si la publicité et les programmes amaigrissants veulent nous faire croire au miracle, il ne faut pas être dupe. Perdre du poids et surtout ne pas réengraisser n'est pas une mince affaire. Il faut investir beaucoup de temps et d'énergie dans cette démarche. Il faut aussi parfois essayer de comprendre ce qui se cache derrière ses obsessions de nourriture et de performance... Aussi, nombreux sont ceux qui devraient comprendre qu'il n'est pas nécessaire d'attendre d'avoir maigri avant d'investir dans sa vie et qu'il vaut mieux se donner la permission de vivre heureux même sans avoir atteint le poids «idéal». Une vie de restriction constante incite aux désordres alimentaires et n'apporte pas de grandes satisfactions. Le fruit défendu n'est-il pas davantage convoité? Dans certains cas, il peut être sage de reporter sa décision de maigrir à un moment plus propice. Des études reconnues confirment d'ailleurs que certains obèses peuvent améliorer leur santé physique et mentale avec une perte de poids minime (5 à 9 kg).

Si l'on ressent un réel besoin de maigrir, le vrai défi n'est-il pas d'y arriver de façon réaliste, sans hypothéquer sa santé et sans se priver du plaisir de manger?

Petits trucs

Une approche avant-gardiste orientée vers la santé

• *s'adonner plus souvent à des exercices physiques dans un but de détente et de plaisir;*

• *manger sainement en éliminant les régimes et intégrant graduellement au menu une gamme variée d'aliments nutritifs;*

• *démystifier certaines fausses croyances sur le poids et l'alimentation;*

• *faire confiance aux signaux de faim et de satiété émis par son corps. En prenant le temps de les écouter, il sera plus facile de savoir quand manger et quand s'arrêter;*

• *tenir son journal alimentaire. Il permet de faire le point sur ses comportements alimentaires, sur la qualité de son alimentation et sur les motifs (états d'âme, événements, entourage) et qui incitent parfois à dépasser les limites. Outil précieux, il permet d'abord de s'observer, d'établir des consignes visant l'écoute de nos besoins physiques et de se fixer des objectifs réalistes qui conduiront graduellement à de saines habitudes de vie;*

• *être patient et se permettre de faire des erreurs;*
• *développer une meilleure estime de soi en se concentrant sur ses qualités, ses forces et ses réalisations;*
• *mettre fin au cycle infernal de perte et gain de poids, de culpabilité et de honte;*
• *identifier les personnes soutien dans l'entourage;*
• *se réconcilier avec son corps et avec la nourriture en visant un objectif de santé et bien-être plutôt qu'un amaigrissement à tout prix.*

L'obésité, un poids pour les jeunes

par Denise Harvey, Dt.P.
et Danielle Lévesque, Dt.P.

Au contraire de ce que l'on pourrait croire, les mauvaises habitudes alimentaires ne seraient pas l'unique cause de l'augmentation du nombre de cas d'obésité infantile. Au début de l'adolescence, les jeunes ont tendance à délaisser l'exercice et à consacrer de plus en plus de temps à la télévision, à l'ordinateur et aux jeux Nintendo... En outre, les jeunes téléspectateurs québécois sont rivés de 25 à 26 heures par semaine au petit écran. Un enfant nord-américain sur quatre est obèse. Que peut-on faire?

Une étude sur le sujet permet de dire que plus on passe de temps devant la télé, plus on risque de devenir obèse. L'exercice physique est l'une des meilleures solutions au problème! Les adultes devraient inciter les jeunes à bouger et à pratiquer les sports qu'ils aiment. Autant que possible, ils devraient même s'y adonner avec eux. Aussi, il serait bon de prévoir, une ou deux fois par semaine, des moments libres pour aller marcher, nager ou faire de la bicyclette en famille. Ensuite viennent les modifications aux habitudes alimentaires.

Pratiquée régulièrement, l'activité physique favorise la croissance, facilite le développement du squelette et améliore le rendement scolaire. L'obésité, par contre, prédispose à l'hypertension, à certaines maladies respiratoires, au diabète et à divers troubles orthopédiques. Elle peut aussi être la cause de difficultés sociales, émotionnelles et psychologiques.

Par ailleurs, on a remarqué que plus un enfant est obèse longtemps, plus il risque de le devenir à l'âge adulte, et ce, de façon quasi irrémédiable. Encourageons donc nos jeunes à troquer quelques heures de télé et de jeux vidéo contre une partie de tennis ou une randonnée à bicyclette.

Un problème d'estime de soi

Tous les enfants sans exception méritent d'être aimés et respectés, peu importe leur poids et leur taille. Ils ont tous le droit de se sentir bien dans leur peau. Or, dans une société obsédée par la minceur, cela peut représenter un défi de taille quand on est jeune et obèse.

Pour les jeunes qui cherchent à obtenir des résultats rapides à leur problème d'embonpoint, les cures d'amaigrissement offrent souvent un attrait irrésistible. Il va sans dire qu'en raison de ses besoins énergétiques particulièrement élevés, aucun enfant (sauf cas extrêmes) ne devrait être soumis à des restrictions alimentaires. Ces dernières nuisent à l'apprentissage, à la concentration et à la réussite scolaire.

À cela viennent se greffer les problèmes du ralentissement de la croissance et la prédisposition à l'anorexie nerveuse et à la boulimie. Certains adolescents s'imposent eux-mêmes des privations qui les mènent à des carences nutritionnelles et à l'échec. Ils sautent des repas ou rayent sans discernement de leur menu des aliments essentiels à leur croissance.

Des chiffres étourdissants

Une étude scientifique révèle que 80% des adolescents qui optent pour les régimes miracles qu'ils voient annoncés dans les journaux ou à la télé souffrent de constipation, de nervosité, d'étourdissements, de maux de tête, d'évanouissements ou d'un manque de concentration sans pour autant atteindre leur but.

Une étude récente menée aux États-Unis auprès d'enfants de troisième et de sixième années du primaire a révélé que 45% souhaitaient être plus minces et que 37% avaient déjà essayé de perdre du poids, tandis que 7% se considéraient anorexiques et 1,3% admettaient se faire vomir pour contrôler leur poids. Des statistiques à faire peur!

Au vu de tels résultats, des spécialistes ont réévalué le problème et proposent désormais une toute nouvelle approche qui mise avant tout sur la valorisation personnelle et l'estime de soi. Elle préconise un amalgame de saines habitudes alimentaires et d'activités physiques. Mais elle bannit l'exercice ainsi que les actions et attitudes à caractère positif imposés dans le seul but de perdre du poids.

La priorité à la croissance

Les jeunes, comme tout organisme en pleine croissance, ont besoin de carburant. Et c'est une saine alimentation qui leur fournira le meilleur. Il est donc important de comprendre que perdre du poids n'a pas du tout la même signification chez un enfant ou un adolescent que chez un adulte. Par exemple, il suffit qu'un enfant grandisse de trois centimètres pour qu'il perde automatiquement deux ou trois kilos. En fait, c'est pourquoi son plan alimentaire doit être judicieusement conçu en vue de lui permettre de se débarrasser de son poids superflu sans risque de nuire à sa croissance ou à ses besoins en énergie.

Les diététistes/nutritionnistes qui élaborent des plans alimentaires pour les jeunes prennent en considération plusieurs facteurs, dont leurs goûts, leurs horaires et leurs habitudes. Il ne s'agit pas de se priver. La situation doit être cernée dans son ensemble par des spécialistes, avec l'entière collaboration des parents.

Il va sans dire que lorsqu'un jeune est suivi, toute la famille est sensibilisée à la question. Tous mangent les mêmes aliments mais les portions varient. Il faut encourager le jeune à se servir différemment. On peut, par exemple, acheter des yogourts individuels plutôt qu'un litre de crème glacée ou encore préparer de petits muffins plutôt qu'un gros gâteau. Surveiller l'alimentation d'un enfant à la maison, c'est l'occasion rêvée d'adopter soi-même de nouvelles habitudes alimentaires.

Un entourage positif

Il n'y a ni bons ni mauvais aliments. Il y a seulement des aliments que l'on peut consommer plus ou moins souvent. Sous aucun prétexte, les aliments ne doivent servir à récompenser ou à punir, car l'enfant pourrait avoir tendance à confondre le sentiment de réconfort que lui procure la nourriture avec le véritable besoin de satisfaire sa faim. Il doit apprendre à identifier clairement la faim afin de mieux la maîtriser. Ce à quoi il parviendra, au moment de la collation notamment, en faisant de bons choix.

Les enfants aiment manger souvent. Ainsi, ils mangent moins et plus lentement au repas suivant. Il n'est donc pas question d'annuler les collations d'un enfant qui a des problèmes de poids. Il faut simplement l'encourager à opter pour des fruits ou un verre de lait plutôt que pour une tablette de chocolat. Par ailleurs, un enfant ne doit jamais se sentir privé ni, surtout, différent des autres. À l'occasion d'un anniversaire, il aura droit à sa part de gâteau comme tout le monde. Sinon, frustré, il risque d'en manger en cachette.

Un défi permanent

Faire adopter une saine alimentation à un enfant n'est pas chose facile. Chacun doit y mettre du sien. La tâche sera cependant plus aisée si les repas se déroulent dans une atmosphère détendue. Parents et enfants peuvent profiter de ce temps d'arrêt pour converser. On évite les discussions trop animées et les tensions inutiles à tout prix. On souligne les efforts de l'enfant; on l'encourage et, à l'occasion, on ferme les yeux s'il déroge à ses bonnes habitudes. Être attentif à la saine alimentation d'un enfant est l'affaire de toute la famille. Chacun sait pertinemment que le jeune à tout à y gagner. Lui, le premier.

Les professionnels sont convaincus que les adultes entourant un enfant obèse peuvent contribuer à son bien-être. D'abord, en réévaluant leurs propres préjugés; puis, en encourageant le jeune à accepter ses caractéristiques physiques; et enfin, en l'aidant à développer ses aptitudes et ses talents personnels. Ces quelques conseils peuvent être efficaces dans la majorité des cas, mais il ne faut pas oublier que certains enfants ne pourront jamais surmonter leur embonpoint, en raison de facteurs génétiques, environnementaux ou comportementaux. Cela dit, plus tôt ils modifieront leurs habitudes de vie, plus fortes seront leurs chances de réussite. N'est-ce pas aujourd'hui que demain se bâtit?

Le mirage des solutions miracles

par Constance Cholette, Dt.P. et Isabelle L'Ecuyer, Dt.P.

Quand on veut maigrir, tous les moyens semblent bons, du jeûne complet à l'utilisation de substituts de repas, en passant bien sûr par la classique cure de pamplemousses, entre autres solutions miracles. Malheureusement, les divers régimes imaginés ne proposent pas que des choix adéquats. Sans parler du bien-fondé de l'objectif que l'on se fixe...

L e principe de base de toute diète amaigrissante est d'une simplicité remarquable. Il suffit de restreindre sa consommation de calories et le tour est joué. La plupart du temps, les résultats sont rapides et spectaculaires. Toutefois, à moyen et à long terme, des études ont démontré que 95% des individus reprennent le poids qu'ils ont perdu et en regagnent même plus. À quoi servent donc tous ces efforts et ces privations?

L'effet yoyo

En limitant trop son apport en calories, la personne au régime réduit son métabolisme, c'est-à-dire que son organisme nécessite moins d'énergie qu'auparavant pour ses activités. Aussi, à la fin du régime, dès qu'augmente la consommation d'aliments, le poids revient à ce qu'il était et, très souvent, le dépasse. Pendant ce temps, le corps s'est en effet habitué à fonctionner avec moins de «carburant».

Lorsqu'une personne suit régime après régime, le poids se met à osciller comme un yoyo; il monte, descend, puis remonte... et ainsi de suite. Régime (privation), maintien (frustration), gain de poids (sentiment d'échec), tel est le cycle infernal des régimes. La santé s'en ressent et le moral aussi. S'il est difficile, voire impossible, pour certaines personnes d'atteindre ou de maintenir le poids tant désiré, n'est-ce pas parce qu'il existe des obstacles à l'amaigrissement?

En réfléchissant bien à notre situation actuelle, nous pourrions en effet constater que des éléments de notre problème peuvent nous empêcher d'atteindre notre objectif et de le maintenir. Par exemple, la vitesse à laquelle notre corps brûle les calories (métabolisme) varie d'un individu à l'autre. Une personne ayant un métabolisme lent aura davantage de difficultés pour y arriver. L'important, c'est de peser les pour et les contre... parce que maigrir comporte aussi des désavantages!

En effet, perdre du poids n'est pas une décision qui se prend à la légère. Suivre des régimes sévères à répétition peut entraîner des modifications irrémédiables du métabolisme, ce qui peut favoriser à long terme une stabilisation à un poids supérieur à celui que l'on avait avant d'être au régime.

À l'écoute de son corps

Dès les premiers instants de la vie, le bébé crée un contact physique et chaleureux avec la personne nourricière. Ce moment privilégié lui permet de combler des besoins d'affection, de plaisir et de communication en plus de s'alimenter. Visant le bien-être de leurs enfants, les parents les poussent souvent à manger au-delà de leur appétit. Qui ne s'est jamais fait gronder par ses parents parce qu'il ne terminait pas son plat? Résultat: la confusion s'installe dans l'esprit des petits.

Le rôle des parents est bien sûr d'assurer la qualité de l'alimentation de leurs enfants mais, comme l'appétit varie énormément durant l'enfance et l'adolescence, le jeune est tout à fait capable d'évaluer la quantité d'aliments qu'il lui faut. D'ailleurs, n'est-ce pas l'équilibre que chacun devrait trouver? Manger en fonction de son appétit et savoir s'arrêter. Respecter ses goûts personnels et ses besoins réels.

S'alimenter, tout comme se vêtir, respirer, bouger ou créer des liens avec son entourage s'inscrit au rang des besoins essentiels de l'être humain. Aussi, pour faire comprendre ses besoins, le corps émet des signaux qu'il faut savoir capter. Comme les signaux d'identification de la faim varient d'une personne à l'autre, l'important est de connaître les siens et d'y être attentif.

Vieilles idées sur le jeûne

par Martine Gaudreault, Dt.P.

Jeûner pour perdre du poids, cela semble logique. Si l'on engraisse en mangeant trop, forcément, en ne mangeant pas, on doit maigrir. Certains jeûnent en croyant «purifier» leur organisme, d'autres y voient le moyen de vivre une expérience spirituelle. Selon de nombreuses études, cette pratique comporte des dangers qu'il ne faut pas sous-estimer.

L'organisme puise dans l'alimentation l'énergie dont il a besoin. Ainsi, dès qu'il y a déficit entre l'apport alimentaire et la dépense d'énergie, nous perdons du poids. Lors d'un régime amaigrissant bien structuré, le déficit énergétique est comblé par nos réserves de graisses. En revanche, au cours des tout premiers jours d'un jeûne, malgré d'énormes réserves, l'organisme ne parvient pas à mobiliser sa graisse. Pour survivre, il fait appel aux réserves de sucres des muscles et du foie la première journée, puis à ses stocks de protéines.

Une perte de poids trompeuse

Après quelques jours, la faim disparaît. Au cours des dix premiers jours, la perte quotidienne de poids peut atteindre près d'un kilo. Spectaculaire, n'est-ce pas? Toutefois, une très faible proportion de ce poids est constitué de gras. En se dégradant, les muscles libèrent trois fois leur poids en eau. La perte de poids initiale est composée de protéines, et surtout d'eau. On peut même perdre jusqu'à 100 g de protéines (la grosseur d'un petit steak) par jour et il est particulièrement difficile de refaire ses réserves par la suite. Rappelons qu'une grande quantité de ces protéines sert à alimenter le cerveau.

Heureusement, au cours d'un jeûne prolongé, le corps brûle progressivement moins de protéines et plus de gras. Le cerveau parvient même à utiliser avec une certaine efficacité un sous-produit de la combustion des gras: les corps cétoniques. Comme ces derniers se transforment aussi en alcool, on pourrait même leur attribuer la connotation spirituelle du jeûne, qui est reliée à une sensation d'euphorie et de bien-être proche de l'état d'ébriété.

Des conséquences graves

Si l'adaptation du corps était parfaite, le jeûne serait relativement bénin. Mais tel n'est pas le cas. La perte substantielle de protéines peut s'avérer dangereuse. Outre l'élimination d'eau, l'utilisation des protéines comme source d'énergie génère des déchets, dont l'acide urique. Un niveau sanguin élevé de ce dernier peut provoquer des crises de goutte chez les personnes prédisposées.

De plus, selon certaines études portant sur le jeûne modifié — on ingère quotidiennement de 400 à 700 calories sous forme de protéines pour épargner les muscles — on rapporte un nombre significatif de décès. La cause exacte de ce problème est méconnue. On soupçonne cependant que cela provient d'une prise de protéines de qualité inférieure. C'est payer cher pour maigrir!

Nos stocks de vitamines et de minéraux sont aussi menacés. Les vitamines C et B, de même que le sodium, le potassium, le magnésium et le calcium, sont particulièrement touchés. Les effets, plus ou moins sérieux, vont des nausées et de la lassitude à la chute de la pression artérielle, des anomalies du rythme cardiaque, des convulsions, la décalcification osseuse et même l'état de choc. On observe également de nombreux cas d'anémie au cours de jeûnes répétés ou trop longs.

Une purification illusoire

Au-delà de la perte de poids rapide et sans effort, de nombreux adeptes du jeûne aspirent à éliminer les toxines qui, selon eux, empoisonnent leur organisme. Or, le jeûne provoque la formation de déchets par la combustion des réserves de protéines et de graisses — si ce n'était de cet arrêt brusque de l'alimentation, l'organisme n'aurait pas recours à ces réserves! Aussi est-il injustifié de parler de «purification». Pour éliminer une plus grande quantité de substances toxiques, on devrait plutôt favoriser un régime élevé en fibres alimentaires.

Par ailleurs, si l'on peut survivre sans manger pendant des jours, sans eau, c'est autre chose. Le corps élimine les déchets qu'il génère au moyen de l'eau contenue dans les selles et l'urine. Il s'empoisonne donc rapidement lorsqu'il manque d'eau. Par conséquent, il est fortement déconseillé de suivre un jeûne «sec». Les jeûnes de courte durée, répétés fréquemment, sont également à proscrire. Enfin, les personnes diabétiques traitées à l'insuline, atteintes de maladies mentales, rénales, cardiaques ou hépatiques ainsi que les femmes enceintes et les enfants ne devraient jamais s'astreindre à un jeûne.

On a effectivement remarqué que le jeûne abaisse le taux de cholestérol et de graisses dans le sang de même que la pression artérielle en plus de favoriser un meilleur contrôle de la glycémie chez certaines personnes diabétiques non traitées à l'insuline. Toutefois, c'est une technique potentiellement dangereuse qui nécessite une étroite surveillance médicale.

Pour maigrir, combiner un régime équilibré à la pratique d'exercices physiques est moins risqué que le jeûne. Ces modifications à son mode de vie sont en général plus saines, et les résultats, plus durables. À long terme, en plus des dangers mentionnés, le jeûne est en effet peu efficace pour perdre du poids.

Combinaisons perdantes

par Danielle Lévesque, Dt.P.

En 1955, l'Américain Herbert Shelton préconisait la loi des «combinaisons alimentaires» ou «menus dissociés». Ces règles très rigides et fort complexes devaient permettre une digestion normale et, par conséquent, préserver ou restaurer la santé. Inutile de dire que cette théorie a suscité un engouement immédiat et durable.

L es règles alimentaires de Shelton ont eu la vie dure — on y a encore recours aujourd'hui pour perdre du poids ou assainir son style de vie. Cependant, les chercheurs contemporains estiment que, malgré leurs qualités, les préceptes d'Herbert Shelton avaient d'énormes défauts.

L'alimentation selon Shelton

Après étude, Shelton avait conclu fort pertinemment que les protéines, les graisses et les glucides provoquaient des mécanismes de digestion différents susceptibles de s'influencer les uns les autres. Ces données sont toujours exactes de nos jours. En revanche, là où Shelton se trompait, c'est en attribuant des conséquences néfastes pour la santé au fait de consommer des sources de protéines, de graisses et de glucides au cours d'un même repas.

La théorie des «combinaisons alimentaires» de Shelton n'offre aucune souplesse. En voici quelques exemples:

• La viande (bœuf, poisson, poulet...) se mange uniquement avec des légumes verts. Elle ne doit pas être combinée avec du lait, des pâtes, des fruits, du beurre, etc. Aussi, faut-il éviter de prendre, par exemple, un sandwich à la viande ou des pâtes au veau avec un fruit.

• Les céréales et le pain se combinent seulement avec les légumes verts. Donc, pas de lait dans les céréales ni de fromage sur le pain.

• Les fruits doivent se manger seuls, avec d'autres fruits ou avec des noix.

Des conclusions inexactes

Les études les plus récentes n'arrivent pas aux mêmes conclusions que celles énoncées par Shelton et prouvent plutôt qu'il est bon de consommer des aliments variés au cours d'un même repas. Ainsi, en combinant des protéines et des glucides (repas composé de poulet, poisson ou bœuf avec des pommes de terre ou du riz, par exemple), on offre à chacun de ces deux éléments nutritifs une meilleure chance de jouer son propre rôle dans le corps.

En outre, le fer de la viande ou des céréales est mieux absorbé s'il est accompagné de vitamine C. Cette dernière augmente en effet jusqu'à 200% la capacité d'absorption du fer par l'organisme. Si bien qu'une orange ou un kiwi complètent parfaitement bien de la crème de blé ou du foie.

En ce qui a trait aux produits laitiers, Shelton interdisait d'en prendre à aucun des trois repas quotidiens. Dans le même esprit, certains auteurs tentent de faire croire que le lait ne convient pas à l'adulte et que sa consommation représente un «écart de régime». Cependant, des études récentes prouvent que de telles privations peuvent être dommageables, car le calcium contenu dans le lait et les produits laitiers est mieux absorbé s'il est réparti sur trois repas au cours de la même journée.

D'importants déficits

Tel que préconisé par Shelton, le régime alimentaire entraîne d'importants déficits nutritionnels. D'abord en protéines, car une seule source de protéines par jour est insuffisante. Ensuite, en vitamine B_{12} (dans le foie, les rognons, la viande, les œufs et le lait) et en zinc (dans le foie, les crustacés et les produits laitiers), dont l'apport insuffisant peut provoquer de l'anémie et des problèmes de peau. Par ailleurs, en se privant de produits laitiers, on augmente ses risques d'ostéoporose. La «dissociation alimentaire» peut même engendrer des retards de croissance chez l'enfant. Et ne complique-t-elle pas la planification et la préparation des repas?

Il est vrai que, dans plusieurs cas, des modifications des habitudes alimentaires amélioreraient la santé et la qualité de vie. Mais pour arriver à des résultats positifs, il est préférable de consulter un diététiste/nutritionniste ou de se reporter au *Guide alimentaire canadien pour manger sainement* ainsi qu'à certains livres de recettes spécialisés. C'est encore ce qu'il y a de plus facile pour jouir d'une alimentation adéquate.

Menu quotidien type, selon Shelton

Voyons un peu ce à quoi ressemble un «menu dissocié», ou basé sur la théorie des «combinaisons alimentaires».
Un repas de fruits: une pomme comme petit déjeuner;
Un repas de farineux et de légumes verts: pour dîner, pommes de terre, endives, laitue et choux de Bruxelles;
Un repas de protéines et de légumes verts: pour souper, noisettes, escarole, céleri et poireau.

Comme on peut le voir, ces repas sont monotones, peu appétissants et privent leurs adeptes de nombreux éléments nutritifs essentiels. En effet, après analyse, il est facile de conclure que les menus élaborés par Shelton mènent à des carences en énergie. L'individu, qui suit ce type de régime hypocalorique, arrive difficilement à combler 50 % de ses besoins quotidiens en énergie. S'il perd du poids, ce ne sera pas dû aux vertus des «combinaisons alimentaires», mais tout simplement à une réduction de sa consommation de calories. N'oublions pas qu'une pomme contient le même nombre de calories, qu'elle soit mangée seule ou à la fin d'un repas.

Les collations judicieuses

par Nathalie Maltais, Dt.P et Sonia Gascon, Dt.P.

On a tous entendu dire que «grignoter coupait l'appétit et empêchait de bien manger aux repas». Il n'y a rien de plus faux. Prendre plusieurs petits repas par jour peut être une façon de s'alimenter tout à fait valable, voire un excellent moyen de maintenir son poids-santé...

L e mot «grignoter» est souvent associé au fait de manger des petits repas ou des collations tout au long de la journée, et ce, que l'on se trouve à la maison ou à l'extérieur. Il est évident que grignoter parce que l'on s'ennuie ou que l'on a le moral bas, par exemple, peut amener à perdre le contrôle de sa consommation de calories. Toutefois, certaines études ont prouvé que grignoter au lieu de s'empiffrer contribuait à abaisser le taux de cholestérol sanguin. En plus, le fait de compléter de petits repas par des collations santé a un autre avantage: on échappe à la somnolence provoquée par les repas trop copieux. Moins on est alourdi, meilleur est le potentiel intellectuel.

Une bonne répartition des calories

Les collations permettent de répartir l'apport en calories sur toute la journée. Ces calories sont en quelque sorte dépensées au fur et à mesure qu'elles sont consommées. En fait, on ne peut brûler une quantité équivalente de calories si l'on s'alimente avec trois gros repas. Imaginons un entonnoir. Si on l'emplit d'une petite quantité d'eau à la fois, il se vide tranquillement. Si l'on verse trop d'eau d'un seul coup, il déborde. C'est ainsi qu'en se limitant à trois gros repas par jour, on dépasse à chaque fois les besoins en calories du moment.

En raison du rythme de vie accéléré d'aujourd'hui, il peut arriver que l'on néglige d'inscrire certains groupes d'aliments au menu. Or, ils sont tous — produits céréaliers, légumes et fruits, produits laitiers, viandes et substituts — essentiels à une alimentation équilibrée. Que faire? Planifier des collations aptes à combler les carences des autres repas, bien sûr.

Des choix judicieux

Étaler ses repas sur toute une journée ne signifie pas que l'on puisse grignoter sans arrêt n'importe quoi.

Les collations, soigneusement choisies, devront répondre aux critères suivants: faire partie d'au moins un des quatre groupes alimentaires; offrir une bonne valeur nutritive; contenir peu de sucre afin de ne pas favoriser la carie dentaire; et renfermer peu ou pas de matières grasses. À cet effet, on se méfiera des gras cachés. Enfin, on choisira des collations faciles à transporter.

Les collations peuvent prendre la forme de mets chauds ou froids. Que l'on opte pour des céréales avec du lait et des tranches de banane, du yogourt rehaussé de granola, des mini-muffins, du pain pita fourré de légumes et de fromage ou un fruit accompagné de fromage, les goûters doivent tous être prévus sur la liste des emplettes hebdomadaires.

Une consommation maîtrisée

Les collations doivent être consommées intelligemment. C'est-à-dire que lorsque la pause est terminée, il faut arrêter de manger. En ne s'autodisciplinant pas, il est facile de se couper l'appétit juste avant les repas. C'est pourquoi les collations doivent être introduites de façon ordonnée dans un programme alimentaire équilibré. Elles y occupent une place privilégiée à condition de répondre aux critères mentionnés précédemment.

Si un régime alimentaire à multiples étapes est valable pour tous, il va sans dire que certains groupes d'individus en bénéficieront plus que d'autres. C'est le cas, par exemple, des diabétiques, qui doivent contrôler les risques d'hypoglycémie; des femmes enceintes ou allaitantes, aux besoins nutritionnels élevés, ou encore des enfants et des adolescents en pleine croissance. Ici, la collation est tout sauf superflue. À condition bien sûr de comporter des aliments nutritifs qui représentent de bonnes sources de vitamines, de minéraux, de fibres et de protéines, plutôt que des calories vides.

Passer un après-midi à patiner, skier, jouer au ballon-balai ou même se balader au grand air creuse l'appétit. Une collation nourrissante est alors tout indiquée. Pour refaire le plein, les sportifs opteront de préférence pour des noix, des fruits secs, du fromage, des craquelins ou des bouillons. D'autant plus que l'habitude d'emporter sa collation maison permet de faire des économies.

Bref, il ne faut pas se priver de collations saines, variées et équilibrées. C'est bon, et pourtant c'est tout le contraire de la gourmandise.

Le plaisir de la collation

En prenant pour acquis qu'un gramme de gras fournit 9 calories — et que 4 grammes de gras équivalent à 5 millilitres (1 c. à thé) de beurre ou de margarine —, on surveillera de près certaines collations apparemment bien choisies. Par ailleurs, les friandises et les croustilles font plaisir à manger et le fait d'en consommer à l'occasion n'est pas néfaste pour la santé dans le cadre d'une alimentation saine et équilibrée.

Choix-santé	Matières grasses	Choix traditionnels	Matières grasses
45 g bretzels	traces	55 g croustilles	20 g
750 ml maïs soufflé (sans beurre)	traces	750 ml maïs soufflé (avec beurre)	6 g
125 ml yogourt glacé (2% m.g.)	2,5 g	125 ml crème glacée (16% m.g.)	15 g
4 biscuits Graham	3 g	4 biscuits (brisures de chocolat)	12 g
125 ml raisins secs	traces	125 ml arachides rôties à l'huile	38 g
1 muffin léger	2 g	1 beigne	10 g
1 galette de riz	traces	1 brioche danoise	15 g
1 barre tendre	2 à 4 g	1 tablette de chocolat (de 30 à 50 g)	12 à 15 g

Les bonnes graisses

par Micheline de Belder, Dt.P.

La relation entre les matières grasses et le cholestérol est un sujet fort à la mode. Qui n'a pas remarqué la mention «sans cholestérol» bien en évidence sur une foule d'emballages? Qui n'a pas souri en voyant au petit écran cette charmante fillette qui annonçait des frites surgelées «sans cholérol», comme elle le disait si bien? Qu'en est-il au juste?

Il est erroné de croire que certains aliments à base d'huile végétale, les croustilles par exemple, contiennent du cholestérol, car cette substance se trouve uniquement dans les produits de source animale. Ce qui est juste toutefois, c'est que sa production chez l'être humain est intimement liée à l'absorption de matières grasses et qu'il en existe deux sortes: le bon et le mauvais cholestérol. Alors que le premier est associé à une diminution des risques de maladie coronarienne, le second peut au contraire provoquer le durcissement des vaisseaux sanguins et mener par conséquent à une crise cardiaque. Ce qui signifie qu'il faut porter une attention particulière à son taux de cholestérol.

Contrôler son taux de cholestérol

Les graisses alimentaires sont essentielles au fonctionnement de l'organisme. Elles fournissent de l'énergie, assurent la structure des membranes et contribuent au maintien de la fonction immunitaire. Il n'est donc pas question de les éliminer de son alimentation mais plutôt de mieux les utiliser. Elles sont regroupées en deux catégories: les graisses animales dites saturées, qui présentent un aspect solide à la température ambiante, et les végétales ou monoinsaturées ou polyinsaturées, qui sont surtout liquides.

Des études menées depuis plus d'une trentaine d'années permettent d'affirmer qu'une consommation élevée de graisses animales engendre des risques de maladie cardiaque. Même si elle n'en est pas l'unique cause, elle en est l'un des principaux facteurs lorsqu'elle est combinée à un faible apport en fibres, en vitamines et en minéraux. Pour vivre en santé, il faut donc surveiller de près sa consommation de matières grasses. Les spécialistes proposent d'en diminuer l'apport total et d'opter surtout pour des matières grasses monoinsaturées et polyinsaturées. Mais comment doit-on s'y prendre pour combler les demandes en énergie de l'organisme tout en réduisant son apport quotidien en graisses saturées?

Remplacer les matières grasses

Lorsqu'on diminue sa consommation de matières grasses, pour compenser, il faut ajouter à son alimentation des fruits et des légumes, frais de préférence, ainsi que des produits céréaliers à grains entiers (pains, céréales, etc.). On aura ainsi une alimentation riche en vitamines, en minéraux et en fibres.

On cuisine au four ou sous le gril. On diminue le gras saturé des viandes, en ôtant le gras visible avant la cuisson. On peut attendrir les coupes maigres en les faisant mariner ou mijoter. En ce qui a trait à la volaille, il faut retirer la peau avant le rôtissage ou le pochage, car presque tout le gras se loge sous la peau. On inscrit du poisson à son menu hebdomadaire. Selon des recherches, les peuples qui s'alimentent de poisson sont peu sujets aux maladies corona-riennes. Si l'on substitue des œufs à la viande, à la volaille ou au poisson, il ne faut pas en prendre plus de deux ou trois par semaine.

Quant aux produits laitiers, on privilégie le lait partiellement écrémé et les fromages contenant 20% ou moins de matières grasses. On peut notamment préparer d'excellentes soupes-crèmes avec du lait et de délicieux gratins avec du mozzarella allégé sans pour autant en réduire la teneur en calcium.

Beurre ou margarine?

Dans la cuisson, on peut remplacer le beurre ou la margarine par des huiles monoinsaturées comme l'huile de canola. Pour les salades, l'huile d'olive est parfaite. Mais que faire pour les tartines?

Ceux dont le niveau de cholestérol est normal et qui ne présentent pas de risques particuliers choisiront selon leur goût. Ils doivent cependant être atten-tifs à la quantité totale de matières grasses qu'ils consommeront. Ceux qui optent pour la margarine doivent la sélectionner avec le plus grand soin, car il ne suffit pas qu'elle soit à base d'huile végétale pour être bonne pour la santé. Pour plus de précisions à ce sujet, il est toujours possible de consulter un dié-tétiste.

En soignant son alimentation, notamment en troquant la quantité de matiè-res grasses absorbées pour la qualité, on ne s'en porte en général que mieux.

N'oubliez pas le guide!...

par Lydia Dumais, Dt.P.

Si pour plusieurs «bien manger» et «se nourrir de façon équilibrée» semblent incompatibles, Santé Canada demeure convaincu du contraire. Dans sa dernière édition du *Guide alimentaire canadien pour manger sainement,* **le ministère reconnaît d'ailleurs l'importance du plaisir de manger. Grâce au feuillet** *Le guide alimentaire canadien pour manger sainement* **et à la brochure** *Pour mieux se servir du guide alimentaire,* **on apprend à faire des choix judicieux pour vivre en meilleure santé tout en satisfaisant ses goûts.**

Il est vrai que l'alimentation est essentielle au maintien de la vie et au bien-être de tout être humain. En plus de permettre l'épanouissement des facultés, elle fournit l'énergie nécessaire à chacun pour vivre pleinement. Aussi doit-on y prêter une attention particulière.

Les principes de base

Trop longtemps associée à un régime sans saveur, la saine alimentation prend une tout autre allure dans le *Guide*. Partant du principe qu'il s'agit non seulement de se nourrir, mais aussi de se faire plaisir, on y met davantage l'accent sur la variété, les goûts individuels et la modération que sur les restrictions impossibles à respecter.

Joliment présenté et simple à consulter, le *Guide* met l'accent sur l'importance d'une alimentation variée composée d'aliments des quatre principaux groupes que sont les produits céréaliers, les légumes et les fruits, les produits laitiers, les viandes et leurs substituts. En effet, pour que le corps puisse bien fonctionner, on doit consommer chaque jour une quantité raisonnable d'aliments de chacun de ces groupes. On y trouvera la cinquantaine de nutriments dont on a besoin, y compris le fer, le calcium, les vitamines et les protéines.

Bien entendu, s'il a des exigences bien précises, l'organisme n'apprécie pas pour autant les excès. Il suffit de penser aux maladies cardiovasculaires, que l'on associe notamment à une trop grande consommation de matières grasses. Mieux renseigné, chacun tendra sans difficulté vers un nouvel équilibre qui mettra à l'honneur les produits céréaliers, les fruits et les légumes de même que les aliments à faible teneur en matières grasses. On se rappellera également qu'il est bénéfique de modérer sa consommation de sel, d'alcool et de caféine. Ainsi, en suivant le *Guide*, on évitera certains risques et on se sentira mieux.

Les portions suggérées

Le *Guide* permet de composer en un clin d'œil des menus complets et bien équilibrés, tâche d'autant plus simple qu'il comporte un tableau du nombre de portions quotidiennes que chacun devrait prendre en fonction de son âge, son sexe, sa taille et son niveau d'activité. Il propose par exemple que l'on consomme chaque jour de 5 à 12 portions de produits céréaliers ou encore de 2 à 3 portions de produits faisant partie du groupe des viandes et substituts.

De prime abord, certaines différences entre le nombre minimal et le nombre maximal de portions peut paraître surprenant, mais il faut comprendre que le *Guide* s'adresse à une multitude de personnes dont les besoins diffèrent énormément. Par exemple, les besoins d'un enfant de quatre ans ne peuvent être comparés à ceux d'un adolescent en pleine croissance. Il ne faut pas oublier non plus que le contenu du *Guide* n'a rien à voir avec un régime amaigrissant.

Le style de vie conseillé

Au fait, à quoi correspond exactement une portion? Les portions qu'on sert aux enfants ne diffèrent-elles pas de celles que consomment les adultes? En effet! C'est pourquoi le *Guide* indique les portions d'aliments qui peuvent servir à comparer les quantités que chacun consomme avec les recommandations. À titre d'exemple, une assiettée de spaghetti peut facilement représenter trois à quatre portions de produits céréaliers et un bifteck, deux à trois portions du groupe viandes et substituts. Le *Guide* rappelle à ce propos que s'il est important de bien manger pour jouir pleinement de la vie, être actif et se sentir bien dans sa peau le sont tout autant. Marchons, courons, patinons, mangeons bien, ayons une attitude positive envers nous-même et nous déborderons de vitalité.

Pour se procurer un exemplaire du *Guide alimentaire canadien pour manger sainement,* on peut s'adresser à son CLSC ou le commander par la poste en écrivant à: Publications, Santé Canada, Ottawa (Ontario) K1A 0K9.

Le retour aux fibres

par Suzanne Morin, Dt.P.

Il y a près d'un siècle, l'industrialisation a bouleversé la vie des Québécois. Les horaires, les outils et les lieux de travail se sont transformés et les habitudes alimentaires n'ont pas échappé à ce vent de modernisation. La farine moulue à la ferme et la récolte du potager ont fait place aux aliments commercialisés, aux produits raffinés et aux conserves. On ignorait alors qu'on se privait ainsi d'un élément essentiel à la santé.

Mieux informés que les générations précédentes, nous savons que les fibres jouent un rôle important dans notre alimentation au même titre que les protéines, les vitamines, les minéraux, les sucres et les gras. Comme les fibres ne sont pas assimilées par l'organisme, elles sont tout indiquées pour combattre la paresse intestinale lorsqu'elles sont combinées à une quantité suffisante d'eau. De plus, puisqu'elles nécessitent une plus longue mastication, elles incitent à manger plus lentement et procurent plus rapidement un sentiment de satiété, ce qui n'est pas à négliger.

Nul besoin de chercher bien loin pour trouver des fibres alimentaires. Elles sont à la portée de la main, dans le réfrigérateur ou le garde-manger; fruits frais ou secs, légumes, légumineuses, noix, graines et céréales non raffinées, c'est-à-dire celles dont les grains ont conservé leur son ou enveloppe, en sont d'excellentes sources.

Deux catégories de fibres

Il existe deux catégories de fibres: solubles ou insolubles. En effet, les fibres sont classées selon leur capacité de se dissoudre dans l'eau. Prenons d'abord les fibres insolubles. Dans le tube digestif, elles se gorgent d'eau plutôt que de se dissoudre. Elles deviennent alors un laxatif naturel des plus efficaces et aident à la dernière étape de la digestion, l'élimination. Elles réduisent ainsi les risques d'hémorroïdes, de diverticuloses, de cancer du colon et permettent de mieux contrôler le niveau de sucre dans le sang. Le son de blé, les céréales et farines de grains entiers, les fruits secs et la plupart des fruits et des légumes frais, surtout non pelés, renferment des fibres insolubles.

D'autre part, l'avoine, l'orge, les fèves rouges ou jaunes, les lentilles, les pois chiches, les pommes, les prunes, les pamplemousses, les oranges, les carottes, les choux et le psyllium, récemment arrivé sur le marché, fournissent à l'organisme des fibres solubles. Moins efficaces que les insolubles pour stimuler l'intestin, elles pourraient, selon certaines études, contribuer à réduire le taux de cholestérol dans le sang.

Petits trucs

La fibre gourmande

On se rend rapidement compte qu'un apport insuffisant de fibres peut nuire passablement au bon fonctionnement de l'organisme. Voici donc quelques astuces visant à en accroître la consommation.

Le matin, pourquoi ne pas combiner vos céréales préférées à d'autres céréales plus riches en fibres, à du son, des fruits secs, des noix ou de la noix de coco? Pour les tartines ou les sandwichs, on privilégie le pain de blé complet, de son, de seigle ou de céréales mixtes. Les crêpes, quant à elles, peuvent être préparées avec de la farine de son et garnies d'une purée de dattes aromatisée à l'orange ou de fruits frais accompagnés d'un coulis de framboise.

Du côté des salades, on pensera à relever la salade verte de quartiers de mandarine et de noix; la salade de carottes, de raisins secs; la multi-salade à base de plusieurs sortes de laitues, de graines de tournesol. Et que dire des brochettes de fruits frais ou des fruits enrobés d'une trempette de yogourt et de miel, sinon qu'il s'agit de collations exquises à haute teneur en fibres?!

Pour élever la valeur en fibres des galettes de viande hachée, des pains de viande, de la chapelure, des muffins et des biscuits, le son est idéal. Il est offert en flocons dans le rayon des céréales de presque tous nos marchés. Ce ne sont là que quelques suggestions qui prouvent qu'il est bien facile d'augmenter sa ration quotidienne de fibres. Toutefois, afin d'éviter les crampes, les ballonnements ou la flatulence dus à la modification de l'alimentation, on devra procéder graduellement et boire au moins un litre d'eau par jour. Si malgré ces précautions, on souffre d'irritations, il faudra adapter sa consommation de fibres en conséquence.

L'équilibre végétarien

par Marise Lizotte, Dt.P., et Danielle Lamontagne, Dt.P.

Il existe, à l'intention des végétariens, un document spécial inspiré du *Guide alimentaire canadien pour manger sainement*. Il s'agit d'un feuillet de quatre pages en couleurs sur les principes de base du végétarisme, et ce, pour tous les adeptes de 4 ans et plus. Un outil essentiel pour adopter un régime végétarien équilibré.

É liminer la viande de son alimentation n'est pas une décision qui se prend à la légère, quelle qu'en soit la raison — conscience écologiste, respect des animaux, désir de maintenir un état de santé optimal, peur du gras, du cholestérol, des additifs, etc. Il existe d'ailleurs plusieurs types de végétarisme qui, avant d'être adoptés, doivent être évalués attentivement en fonction des connaissances actuelles en nutrition démontrant la nécessité de consommer une bonne variété d'aliments.

Différents types de végétarisme

Le plus répandu de tous est le régime lacto-ovo-végétarien, qui représente un choix-santé beaucoup plus judicieux. En effet, même si la viande (et parfois le poisson) n'en fait pas partie, il comprend œufs, lait, produits laitiers ainsi que légumineuses, noix, graines, fruits, légumes, pains, céréales et pâtes alimentaires. Intelligemment planifié et équilibré à chaque repas, il peut convenir même aux nourrissons et aux bambins qui y trouvent tout ce qu'il leur faut pour grandir en santé.

Il y a aussi le végétalisme, qui exclut la viande, le poisson, les œufs, le lait et les produits laitiers. Il présente un risque élevé de carences sur le plan des éléments nutritifs essentiels tels le calcium, le fer, les vitamines B_2 et B_{12} puisqu'il est beaucoup plus restrictif.

Une alimentation végétarienne bien équilibrée permet de réduire sa consommation d'aliments riches en gras saturés et en cholestérol, ce qui contribuerait à une meilleure santé cardiovasculaire. En outre, elle augmente l'apport en fibres, dont les rôles-santé seraient nombreux: meilleur fonctionnement de l'intestin, meilleure utilisation des sucres, prévention de certains types de cancer, meilleur contrôle du cholestérol, etc.

Une adoption progressive

Changer ses habitudes alimentaires ne se fait pas du jour au lendemain. Il faut prendre son temps et mesurer la portée de l'énoncé suivant: tandis que les omnivores planifient généralement leurs menus autour d'un plat de viande, les végétariens, eux, mettent l'accent sur les céréales (pâtes alimentaires ou pain). C'est là qu'ils trouvent la source d'énergie satisfaisant l'ensemble de leurs besoins, tels que définis par les *Recommandations sur la nutrition pour les Canadiens et Canadiennes*. Comme la viande se compose essentiellement de protéines complètes, c'est à dire des protéines que le corps utilise avec le maximum d'efficacité, seuls des aliments d'égale qualité et bien utilisés peuvent la remplacer.

Il faut éviter autant que possible le piège que représente la surconsommation de crudités et de légumes. En effet, ces derniers donnent trop souvent une impression de satiété sans pour autant fournir suffisamment d'énergie, en particulier pour les jeunes enfants. Quant aux produits laitiers, qui apportent de la variété au menu, de la soupe au dessert, ils sont très difficiles à remplacer.

Un végétarien averti ne se contente donc pas de mettre de côté viandes, volailles, poissons et produits laitiers. Il s'efforce de respecter les grandes règles de la variété et de l'équilibre. Manger de tout, chaque jour, dans des proportions adaptées à son âge, son sexe et son niveau d'activité physique est essentiel. C'est d'ailleurs ce que préconise le feuillet inspiré du *Guide alimentaire canadien pour manger sainement*.

L'enrichissement des substituts

Plusieurs variétés de légumineuses sèches ou en conserve sont offertes sur le marché: pois secs pour la soupe, fèves blanches pour les fèves au lard, fèves de lima, pois chiches, lentilles, pois cassés, etc. Mais comme leurs protéines ne sont pas aussi complètes que celles de la viande, il faut combiner les légumineuses à d'autres aliments, tels les noix, les graines ou les produits céréaliers (pain, riz, pâtes alimentaires, muffins, etc.) pour en profiter pleinement.

On peut également les enrichir avec des œufs, du lait ou d'autres produits laitiers. Les combinaisons peuvent ainsi se multiplier à l'infini. Il s'agit de faire travailler son imagination en se souvenant qu'une tasse de légumineuses cuites combinée à l'un de ces aliments équivaut, pour ce qui est de la valeur en protéines, à seulement 2 ou 3 onces (60-90 g) de viande.

Il est possible de vivre en santé sans manger de viande dans la mesure où l'alimentation fournit une quantité suffisante d'éléments nutritifs et d'énergie de façon régulière. Un bon régime alimentaire, qu'il soit végétarien ou non, mise avant tout sur l'équilibre et la variété. À cette condition, tout le monde peut intégrer de temps en temps des repas végétariens dans un régime omnivore, expériences gastronomiques des plus intéressantes. Et économiques, puisque les légumineuses sont meilleur marché que la viande.

Toute personne ayant un intérêt pour le végétarisme devrait consulter un diététiste afin d'obtenir de l'aide pour planifier une alimentation variée et savoureuse qui, tout en satisfaisant ses besoins nutritionnels, lui permettra de célébrer le plaisir de manger végétarien.

Aux quatre saisons de la vie

Une saine alimentation joue un rôle clé à tous les âges. Déjà, pendant la grossesse et l'allaitement, la mère doit penser à manger mieux pour deux en recherchant les éléments nutritifs qui assureront à la fois le développement de l'enfant et la satisfaction de ses propres besoins particuliers. Puis, pendant la croissance, bien se nourrir est tout aussi indispensable. Plus tard enfin, les bons choix alimentaires font toute la différence pour garder la forme, au moment où le métabolisme connaît des changements importants. Les diététistes/nutritionnistes nous expliquent comment tenir compte de l'évolution naturelle de nos besoins nutritionnels. Et ils font plusieurs suggestions nous permettant d'adapter notre alimentation à notre façon de vivre, beau temps, mauvais temps, à toutes les saisons de la vie.

Défis de femme

par Monique Ducharme, Dt.P.

De tout temps, la femme a manifesté un intérêt particulier pour l'alimentation. Son rôle physiologique et sa responsabilité traditionnelle de nourrice peuvent l'expliquer en partie. Les difficultés et les normes auxquelles notre époque la soumet la détournent parfois du souci de bien manger.

Aujourd'hui, la situation socio-économique des femmes et le contexte culturel ne favorisent pas leur qualité de vie, ce qui n'est pas sans conséquence sur leur santé.

Du point de vue économique, bien que les femmes constituent 51% de la population, elles représentent 57% des personnes vivant sous le seuil de la pauvreté. En outre, une famille canadienne défavorisée sur trois est une famille monoparentale dirigée par la mère. Encore en 1991, les femmes ne gagnaient en moyenne que 0,62$ pour chaque dollar gagné par un homme. De plus, 73% des aînés à faible revenu sont de sexe féminin. Or, on sait que pauvreté et saine alimentation ne font pas bon ménage, la nourriture étant souvent l'un des seuls éléments compressibles du budget.

Une pression constante

Sur le plan culturel, on a vite fait de constater que l'influence de la mode et l'obsession de la minceur poussent les femmes, et ce, de plus en plus jeunes, à s'imposer des régimes draconiens. Selon une enquête menée au début des années 90 par Santé Québec, 3 Québécoises sur 4 souhaitaient perdre du poids, 81% de celles qui avaient un poids normal se trouvaient trop grosses et 25% de celles qui étaient sous leur poids-santé désiraient maigrir davantage.

Comme il a été démontré que 90 à 98% des personnes qui suivent un régime amaigrissant reprennent leur poids initial et accumulent même fréquemment des kilos en plus, on comprend facilement les frustrations que plusieurs femmes subissent. Frustrations et régimes à répétition peuvent facilement en mener certaines à des problèmes d'obésité.

Un manque d'activité

Le mode de vie des femmes influence également leur état de santé. Pour la plupart, elles sont physiquement moins actives que les hommes. Le tiers d'entre elles affirment ne faire de l'exercice que très rarement, voire jamais. En outre, elles sont nombreuses à fumer. On note d'ailleurs que de plus en plus d'adolescentes adoptent la cigarette. Et malheureusement, la crainte d'engraisser en empêchera plusieurs à abandonner cette mauvaise habitude.

Toutes ces situations ne sont évidemment pas étrangères aux problèmes de santé des femmes. Les maladies cardiovasculaires, par exemple, qui représentent la première cause de décès chez les femmes comme chez les hommes, sont des conséquences notoires de l'usage du tabac, de la sédentarité, de l'obésité et d'une mauvaise alimentation. Le tabagisme et les habitudes de vie figurent également parmi les facteurs qui augmentent les risques de souffrir d'un cancer, deuxième cause de mortalité chez les deux sexes. On estime, rappelons-le, que 35% des cancers pourraient être évités grâce à une alimentation appropriée.

L'ostéoporose, mal dont souffre une femme sur quatre après la ménopause, atteindra davantage celles qui auront vécu des restrictions alimentaires. Quoi qu'il en soit, l'exercice figure parmi les meilleures stratégies de prévention de cette maladie en favorisant une meilleure utilisation du calcium alimentaire. Par ailleurs, pendant leurs règles, au cours d'une grossesse ou après un accouchement, les femmes doivent veiller à maintenir leurs réserves en fer à un niveau convenable en choisissant des aliments riches en fer.

Des solutions simples

Afin de permettre aux femmes de s'épanouir en santé, il est essentiel de les sensibiliser à leur vulnérabilité dès l'adolescence et de leur présenter des solutions simples à leur portée. Elles doivent comprendre que c'est tout bonnement en prenant plaisir à bien manger et en demeurant actives qu'elles arriveront à relever ce défi. Nul besoin de calculer calories ni milligrammes de calcium, de fer ou de vitamines pour maintenir son poids-santé, si l'on adopte de bonnes habitudes. À ce propos, les associations féminines ont tout intérêt à se prévaloir de l'expertise des diététistes et à organiser des rencontres sur le sujet. Il leur suffit de communiquer avec le CLSC de leur région.

Pour modifier durablement ses habitudes, l'important, c'est de tenir le coup et de se fixer des objectifs à court terme qui, réalistes et progressifs, aboutiront à des résultats satisfaisants faisant de nous des femmes bien dans leur peau.

Alléger les symptômes du syndrome

par Isabelle Jacob, Dt.P.

Maux de tête, ballonnements abdominaux, enflure aux mains et aux pieds, douleurs aux seins, le diagnostic est parfois simple : syndrome prémenstruel (SPM). Quant à l'antidote, on pense qu'il pourrait se trouver dans les thérapies diététiques.

Bien que généralement actives et enthousiastes, de nombreuses femmes, on le sait, se sentent fatiguées, irritables et légèrement dépressives pendant quelques jours chaque mois. Depuis Hippocrate, qui fut d'ailleurs le premier à s'intéresser à ce phénomène, le syndrome prémenstruel a fait l'objet de multiples études portant sur les neurotransmetteurs, les changements hormonaux ou encore les effets des nutriments. Classé parmi les désordres psycho-neuro-endocriniens, le SPM est caractérisé par l'apparition de symptômes répétés pendant la phase lutéale du cycle menstruel, c'est-à-dire la deuxième phase après l'ovulation.

Plus de 75% des femmes atteintes sont sujettes à des variations d'humeur subites. Par moment, elles sont tristes; à d'autres, elles se mettent en colère ou font montre d'hypersensibilité. Leur appétit fluctue également sans crier gare et elles ont en outre un goût marqué pour le sucré et le salé.

Vitamines et minéraux

Souvent prescrites comme solution au problème du SPM, les mégadoses de vitamines et de minéraux ne devraient être prises que sous surveillance médicale afin d'éviter les risques de toxicité. En outre, des tests visant à mesurer les taux de vitamines A, B_6 et E ainsi que ceux de zinc, de cuivre, de magnésium et de calcium dans le sang pourraient permettre de vérifier la nécessité et l'efficacité du traitement.

Les plus récentes études ont démontré que la combinaison vitamine A/zinc aidait à atténuer 85% des malaises prémenstruels. L'usage de la vitamine B_6

semble aussi améliorer l'état de celles qui ont tendance à faire de la rétention d'eau. De leur côté, la vitamine E diminuerait les douleurs aux seins; le calcium aurait un effet positif sur l'humeur; le magnésium neutraliserait l'activité des neurotransmetteurs; et, essentiel à la synthèse de l'hormone prostaglandine E_1, le zinc a un effet positif sur la sécrétion des hormones et des neurotransmetteurs qui influencent l'état mental et émotionnel de la femme.

Il va sans dire que le professionnel de la santé qui prescrira des suppléments de vitamines ou de minéraux devra le faire avec prudence car les risques sont élevés. Une simple dose quotidienne de 200 mg de vitamine B_6 peut affecter le système nerveux et causer de l'irritabilité.

Modifications alimentaires

La controverse persiste à propos des conséquences de la consommation de certains aliments pendant la période prémenstruelle. Diverses études prétendent que les produits laitiers et le calcium nuisent à l'absorption du magnésium par l'organisme. Ils provoqueraient ainsi une carence chronique de ce minéral dans le corps et augmenteraient l'intensité des malaises dus au SPM. Cependant, selon le Département de l'agriculture des États-Unis, les femmes ayant une alimentation riche en calcium souffriraient moins du syndrome. C'est donc dire qu'il est encore difficile de se prononcer sur le sujet.

Le sucre raffiné (confitures, gelées, miel, sirop, etc.) pourrait être l'une des causes de la rétention du sodium et de l'eau par l'organisme. Au contraire, la consommation de sucres complexes, contenus notamment dans les produits céréaliers, les légumes et les légumineuses, ainsi que l'absence de consommation de caféine (café, thé, chocolat, boissons gazeuses) amélioreraient l'état des femmes atteintes du syndrome.

Enfin, pendant les quelques jours précédant les règles, l'apport en graisses animales doit être limité, car ces dernières provoqueraient une carence de l'hormone prostaglandine E1 dans le système nerveux, d'où un risque plus élevé de ressentir les effets du syndrome. Par ailleurs, l'alcool, qui favorise une diminution du taux de sucre dans le sang, cause de la fatigue et de l'irritabilité.

Trois recommandations pour surmonter le SPM

* *choisir des aliments riches en sucres complexes plutôt que ceux contenant des sucres concentrés ou raffinés;*
* *limiter sa consommation de graisses animales en privilégiant les produits laitiers moins gras et les viandes plus mai-*

gres et en favorisant les huiles végétales monoinsaturées et polyinsaturées (maïs, soya, olive, tournesol, carthame ou lin). De préférence, il faut aussi éviter les huiles hydrogénées (certaines margarines, shortenings, etc.), car elles ont perdu leurs acides gras essentiels en tout ou en partie;

• éliminer autant que possible le sel, la caféine et l'alcool.

Remédier aux malaises
de la grossesse

par Carole Leduc, Dt.P.

À la joie d'une naissance prochaine viennent souvent se greffer nausées, maux d'estomac, constipation, fatigue et crampes. Heureusement, il existe des petits trucs pour parer aux malaises et aux inconforts propres aux femmes enceintes...

Souvent considérés comme les premiers signes d'une grossesse, les nausées et les vomissements touchent de 70 à 80% des femmes. Malheureusement, les causes de ces malaises demeurent inconnues. Certains les lient au système hormonal; d'autres y voient une influence psychologique. Jusqu'ici, rien ne valide ces hypothèses.

Dès la sixième semaine

Les nausées, qui se manifestent dès la sixième semaine de grossesse, peuvent se produire à tout moment de la journée, et non pas seulement le matin, comme plusieurs le pensent. La plupart des futures mamans en souffriront pendant environ trois mois, mais 20% d'entre elles en seront affectées pendant plus longtemps.

Plus de 1% de ces dernières verront leur état s'aggraver et seront alors exposées à une déshydratation et un déséquilibre des électrolytes pouvant les mener jusqu'à l'hospitalisation.

Petits trucs

10 conseils pour la femme enceinte qui souffre de nausées

• *Prendre plusieurs petits repas faibles en matières grasses au lieu de trois gros;*

• *manger lentement;*

• *éviter de sauter des repas inutilement;*

• *restreindre sa consommation d'aliments frits ou épicés, de chocolat, de café, de thé et de boissons gazeuses au profit d'aliments alcalins comme des abricots, des figues, des dattes, du melon et des raisins;*

• *boire beaucoup pendant la journée afin d'éviter la déshydratation;*

• *boire une demi-heure avant ou après les repas plutôt que pendant;*

• *se lever en prenant son temps et ne pas s'allonger immédiatement après les repas;*

• *attendre au moins deux heures après avoir mangé ou bu avant de faire une sieste ou de se coucher pour la nuit;*

• *manger des craquelins (biscuits soda) ou des biscuits secs environ 15 minutes avant de se lever;*

• *aérer la cuisine. Celles que les odeurs de cuisson dérangent pourraient aussi demander de l'aide au moment de la préparation des repas et manger des aliments froids plutôt que chauds, car ils sont moins odorants.*

Si tout cela ne suffit pas, il faut savoir qu'il existe un antinauséeux spécialement conçu pour les femmes enceintes. Il est approuvé par Santé Canada ainsi que par la Société des obstétriciens et gynécologues du Canada. Il suffit d'en glisser un mot à son médecin.

Si les nausées caractérisent le début de la grossesse, les maux d'estomac sont le lot des derniers mois. Ils sont dus à la pression qu'exerce l'enfant sur l'estomac de la maman. Peu importent la durée et l'intensité des nausées, des vomissements ou des maux d'estomac, la qualité de vie de plusieurs femmes en sera affectée. Bien que toutes simples, les solutions que nous proposons sont très efficaces.

De saines habitudes

Au cours de la grossesse, les intestins ont tendance à devenir paresseux. Il faut donc les stimuler en augmentant sa consommation de fibres alimentaires. À cet effet, la femme enceinte inscrira quotidiennement à son menu des produits à base de céréales à grains entiers, des fruits frais ou séchés, des légumes et des légumineuses. Elle boira au moins six verres d'eau par jour en plus de pratiquer une activité physique comme la marche ou la natation. Et surtout, elle s'en tiendra aux laxatifs naturels comme les pruneaux, les abricots et les raisins. En effet, la solution à la constipation réside dans de saines habitudes de vie.

Comme les futures mamans ont tendance à se sentir lasses, elles se mettront au lit plus tôt et feront une sieste au cours de l'après-midi, au retour du travail ou juste avant le souper. Pour jouir d'un sommeil réparateur, elles prendront des soupers légers, sans excitants, et boiront une tisane calmante le soir.

Plus la grossesse avancera, plus il leur sera difficile de trouver une position confortable pour dormir. Dans les derniers mois, elles préféreront souvent dormir sur le côté. En optant pour des repas légers qui ne gonflent pas l'estomac contre le diaphragme, elles maîtriseront mieux leur gêne respiratoire.

De bons bols d'oxygène

Un bon apport en calcium, en vitamines et en minéraux ainsi qu'une oxygénation adéquate permettent d'enrayer les risques de crampes dans les jambes. Quant aux vergetures et aux varices, la meilleure façon de les éviter est encore une alimentation équilibrée et un gain de poids progressif.

En somme, la femme enceinte doit demeurer active et faire de la marche et de l'exercice régulièrement. C'est ainsi que, soucieuse de vivre pleinement sa grossesse, elle en évitera les petits écueils et se sentira radieuse et épanouie.

Manger pour deux

par Danielle Lévesque, Dt.P.

Soucieuse du développement de son enfant, la femme améliore souvent son hygiène de vie au cours de la grossesse. Tant mieux! Au lieu de trouver dans son état un prétexte pour manger deux fois plus, elle doit y voir une raison de manger deux fois mieux pour avoir de l'énergie à revendre.

L a femme enceinte a des besoins accrus en calcium et en fer de même qu'en acide folique et en vitamines C et D. Elle doit immanquablement inscrire les quatre groupes alimentaires à ses menus quotidiens, et ce, dans des portions suffisantes. Il s'agit de manger sainement tout en ne surchargeant jamais son estomac. Plusieurs petits repas et des collations réparties au cours de la journée facilitent la digestion en plus d'aider à prévenir les nausées et les brûlures d'estomac.

Les produits laitiers

Pour satisfaire ses besoins en calcium, la future mère devrait consommer trois à quatre portions de produits laitiers par jour. Toutefois, celle qui éprouve de la difficulté à satisfaire à ces normes peut compenser par l'apport de suppléments. Elle s'assurera alors de les prendre en même temps qu'un produit laitier, pour en favoriser l'absorption. Une portion équivaut à 250 ml (1 tasse) de lait, à 175 ml (3/4 tasse) de yogourt ou encore à 50 g (1,5 once) de cheddar ou deux tranches de fromage fondu.

Le lait de consommation courante est la meilleure source alimentaire de vitamine D ou «vitamine soleil». Le lait servant à la fabrication des fromages et des yogourts commerciaux n'en est pas enrichi. C'est donc dire que, pour avoir sa ration quotidienne de vitamine D, il faut boire du lait!

Les viandes et substituts

Pour satisfaire ses besoins en acide folique, la femme enceinte optera pour une variété de fruits et légumes. Les abats, de même que les haricots rouges secs et les arachides, en contiennent aussi.

Le fer d'origine animale, que l'on trouve dans les abats et les viandes, est beaucoup mieux absorbé par l'organisme que celui qui est présent dans les fruits, les légumes, les céréales et les légumineuses. Par ailleurs, les suppléments de fer ne seraient valables que pour des cas de déficience sévères, car ils nuiraient à l'absorption de certains autres nutriments et pourraient engendrer de graves malaises gastro-intestinaux.

La femme enceinte a donc avantage à manger des abats au moins une fois par semaine, d'autant plus qu'ils sont également riches en plusieurs autres éléments nutritifs. Celle qui ne raffole pas du foie aura avantage à attendrir les foies de boeuf et de porc en les trempant quelques heures dans du lait avant de les cuire. À noter également qu'on peut le hacher et l'incorporer à une sauce à spaghetti ou un pain de viande ou encore le faire revenir en fines lamelles avec des légumes pour le servir à la chinoise.

Les fruits et les légumes

Les fruits et les légumes oranges ou verts constituent d'excellentes sources de vitamine C. La femme enceinte a besoin quotidiennement de 30 mg de cette vitamine au cours du premier trimestre de sa grossesse et de 40 mg pendant les deux suivants.

En mangeant une portion d'orange, de pamplemousse, de kiwi, de cantaloup, de brocoli, de choux de Bruxelles, de poivron vert ou rouge ou de fraises, la future maman trouvera son compte. Elle pourra aussi choisir parmi les choux, les choux-fleurs, les navets, les pommes de terre, les patates douces ou les tomates, à moins qu'elle ne préfère des bleuets frais ou une bonne salade de feuilles de betterave.

Les produits céréaliers

La femme enceinte doit prendre au moins cinq portions de produits céréaliers par jour. Une portion peut prendre la forme de 175 millilitres (3/4 de tasse) de crème de blé ou de céréales de son, de 125 millilitres (1/2 tasse) de pâtes alimentaires ou d'un petit muffin au son. Ces aliments constituent en effet une excellente source de fibres et contribuent à prévenir des inconvénients comme la constipation et les hémorroïdes.

Le choix des liquides

La future maman doit aussi boire beaucoup de liquide, de l'eau surtout, entre les repas. L'alcool, même en quantité limitée, lui est déconseillé. Au mieux, elle s'abstient d'en boire. Sinon, elle n'en consomme que très peu à la fois, et très occasionnellement, dans le cadre d'un repas. Elle privilégie les boissons au vin et les bières non alcoolisées.

Quant aux tisanes, elle s'en tient à deux tasses par jour, car certaines d'entre elles peuvent avoir des effets abortifs. De préférence, elle opte pour le tilleul, la menthe et la camomille en veillant que les tisanes ne prennent pas la place de boissons plus nutritives. De plus, la femme enceinte limite sa consommation de caféine, surtout si elle souffre de nausées, de vomissements, de constipation, de brûlures d'estomac ou d'insomnie.

En surveillant son alimentation et en pratiquant régulièrement un exercice physique bien adapté, la marche par exemple, la future maman préparera consciencieusement l'arrivée de son nouveau-né et profitera de ses neufs mois de grossesse pour se faire du bien.

Répartition du gain de poids moyen chez la femme enceinte à terme

Seins 0,4 kg (0,9 lb)
Placenta 0,6 kg (1,4 lb)
Sang 1,2 kg (2,7 lb)
Bébé 3,4 kg (7,5 lb)
Utérus 0,9 kg (2 lb)
Liquide amniotique 0,8 kg (1,8 lb)
Autres liquides 1,7 kg (3,7 lb)
Réserves (allaitement) 3,2 kg (7 lb)
Gain de poids total 12,2 kg (27 lb)

Le plus beau des laits

par Chantal Poirier, Dt.P.,
Manon Morin, Dt.P. et Danielle Lévesque, Dt.P.

Immédiatement après l'accouchement, la femme est natu-rellement prête à nourrir son bébé. Les civilisations moder-nes ont souvent relégué cette pratique simple aux oubliet-tes, et pourtant aucune alimentation n'est plus souhaitable pour le nouveau-né.

L e lait maternel est celui qui répond le mieux aux besoins du bébé. En effet, sa composition change au cours de la tétée. Au début, il contient plus d'eau pour étancher la soif, puis il devient plus riche en éléments nutritifs. Sa valeur énergétique est supérieure à celle du lait de vache et même à celle du lait maternisé. Ses protéines sont plus faciles à digérer pour le bébé. En outre, il renferme plus de lactose, ou sucre du lait, et contient des acides gras essentiels.

Des avantages incomparables

Parce que sa teneur en vitamine C est élevée, le fer qu'il contient — 16 fois plus que le lait de vache — est plus facilement absorbé par l'organisme du nourrisson. De plus, en transmettant les anticorps de la maman, il rend l'enfant plus résistant aux infections et aux allergies. Mentionnons aussi que les bébés nourris au lait maternel souffrent rarement de gastroentérite ou de diarrhée.

Les hormones de la lactation procurent même à la maman une sensation relaxante. Tout en jouissant de moments privilégiés avec son enfant, la mère éprouve un agréable sentiment de sécurité affective et peut profiter de l'occa-sion pour reprendre son souffle. Celle qui se soucie de son apparence après l'accouchement sera heureuse d'apprendre que l'allaitement rend l'involution de l'utérus plus rapide. De plus, cette pratique aiderait à réduire les risques de cancer du sein avant la ménopause.

La durée de l'allaitement varie de quelques semaines à plusieurs mois, voire à un an, et son succès dépend en grande partie de la motivation de la maman, des moments de repos qu'elle s'accorde et du soutien qu'elle reçoit de son entourage.

Conseils nutritionnels

La femme qui désire allaiter son enfant aurait avantage à conserver les bonnes habitudes alimentaires qu'elle a acquises au cours de la grossesse. Comme ses besoins énergétiques sont alors légèrement plus élevés qu'au cours des derniers mois de la grossesse, elle doit continuer à bien se nourrir, même si elle désire retrouver sa taille le plus rapidement possible.

À ce chapitre, on a constaté que la femme qui allaitait revenait plus vite que les autres à son poids d'avant la grossesse puisqu'elle utilisait les réserves accumulées pour la production de lait. Il lui est fortement déconseillé de suivre un régime amaigrissant. La nature l'aidera à retrouver sa taille puisque les besoins énergétiques pour allaiter sont énormes et graduellement elle retrouvera son poids.

Côté alimentation, les points importants à observer restent, comme pour nous tous, la variété, l'équilibre et la modération. Aucun aliment n'est interdit s'il est consommé en quantité raisonnable. Une particularité: les besoins en liquide de la femme qui allaite sont énormes à cause des pertes dues aux sécrétions lactées. Il lui faut donc augmenter la consommation de liquide et principalement de lait. Trois à quatre verres par jour sont suffisants pour combler ses besoins. Rappelons que le lait est une excellente source de calcium et de vitamine D, tous deux essentiels à la formation des os du bébé.

Pour ne pas surexciter bébé ni l'empêcher de dormir, la maman doit faire preuve de modération en ce qui a trait aux stimulants tels le café, le thé et l'alcool. Elle favorise plutôt les boissons à base de céréales et les tisanes.

Par ailleurs, la femme qui allaite doit toujours avoir un apport suffisant en fer afin de s'assurer que tous les tissus du nourrisson sont bien oxygénés. Une alimentation riche en abats, en viandes rouges et blanches et en légumineuses l'aidera à se construire de bonnes réserves. Pour combler ses besoins en vitamine C, la femme qui allaite doit prendre deux portions d'agrumes ou leur jus par jour.

Elle doit éviter les aliments susceptibles de troubler sa digestion ainsi que celle de son enfant: fritures, aliments trop gras ou trop sucrés. Si les mets très épicés font partie de son alimentation habituelle, elle n'est pas tenue de s'en priver complètement. Bien qu'ils puissent modifier le goût du lait, bébé s'y habituera sans doute. En revanche, celle qui prend des médicaments doit se renseigner auprès de son médecin sur leurs effets, car ils pourraient être transmis au bébé par le lait. Il est évidemment recommandé de s'abstenir de fumer durant cette période.

Le b-a ba de l'allaitement

La maman qui allaite doit:
* *être convaincue que le lait maternel est nourrissant et qu'il fera engraisser bébé;*
* *allaiter l'enfant «à la demande», selon son appétit, et lui offrir les deux seins dès la naissance;*
* *s'accorder des moments de repos pour récupérer le sommeil entrecoupé, se détendre et bien manger;*
* *sortir au grand air avec bébé;*
* *éviter le surmenage, surtout au cours des trois premiers mois suivant la naissance, en déléguant des tâches;*
* *s'abstenir, dans la mesure du possible, de donner un autre lait au bébé avant quatre semaines, pour ne pas nuire à la sécrétion du lait;*
* *entrer en contact avec un groupe d'entraide, si elle en sent le besoin.*

Un acte naturel

Pour fêter une naissance, il arrive parfois que les invitations se multiplient. La famille et les amis veulent faire connaissance avec le petit chérubin. Il faut donc concilier réunions et allaitement. Celle qui craint de mettre son entourage mal à l'aise en nourrissant son enfant au sein n'est pas nécessairement obligée de se mettre à l'écart. Elle peut la plupart du temps se contenter de se couvrir d'une grande écharpe ou d'un porte-bébé qui camouflent bien le nourrisson et son activité.

Si la maman qui allaite doit s'absenter à l'occasion, elle peut extraire son lait — manuellement ou à l'aide d'un tire-lait — et le garder pour utilisation ultérieure. Il se conserve facilement 24 heures au réfrigérateur et de deux à trois mois au congélateur. Elle le place alors dans des sacs ou des bocaux en plastique préalablement stérilisés. Pour le servir, il suffit de le réchauffer dans de l'eau chaude, puis de bien agiter le biberon.

Lorsqu'elle cesse d'allaiter, la maman devrait utiliser une préparation pour nourrissons de préférence à toute autre. Ce lait, qui se rapproche le plus du lait maternel, est recommandé jusqu'à l'âge de 9 à 12 mois. Ensuite, on peut introduire le lait de vache — à 3,25 % cependant — dans l'alimentation de l'enfant.

En somme, l'allaitement maternel présente des avantages difficiles à égaler, à condition que la maman se sente à l'aise pour allaiter. Avec le soutien de son entourage, elle y parviendra sûrement, notamment si elle mange suffisamment et adéquatement. La tendre expérience de l'allaitement profitera aux deux: la mère prolongera plus longtemps l'union qu'elle avait avec son bébé pendant la grossesse et le nourrisson aura un meilleur capital-santé.

Déjouer les caprices...

par Sonia Gascon, Dt.P.

Lorsqu'un bout de chou d'âge préscolaire mange très peu ou refuse certains aliments, ses parents s'inquiètent. Légitimement, puisqu'ils savent que, pour grandir, leur chérubin a besoin d'une bonne variété d'éléments nutritifs, ce que seule une alimentation diversifiée et équilibrée peut lui fournir. Mais que faire?

C omment motiver un bambin à boire du lait, à consommer de la viande ou des légumes s'il n'en veut pas? Comment l'engager sur la voie d'une alimentation santé? Un problème que seules une immense compréhension et une dose considérable d'imagination peuvent régler. Qu'est-ce qui peut bien couper l'appétit d'un tout-petit? Et comment le stimuler ?

Les raisons des caprices

De nombreux parents ne sont pas conscients que l'appétit du jeune enfant fluctue avec les années. Si, jusqu'à deux ans, il croît à un rythme phénoménal, plus tard, son développement ralentit. Ainsi, ses exigences et son intérêt pour la nourriture se stabilisent.

Par ailleurs, son refus de manger peut également correspondre à un besoin d'affirmation. Il n'y a donc pas lieu de s'étonner si l'appétit d'un tout-petit varie d'une journée à l'autre ou même d'un repas à l'autre. Pendant les années qui vont précéder son entrée à l'école, il explore. Et la nourriture, comme tout son environnement, entre dans son champ exploratoire. Par conséquent, ses repas risquent de s'étirer.

On ne peut que faire preuve de patience et lui laisser le temps de faire son tour d'horizon, ce qui ne veut pas dire pour autant qu'il ne faille céder à tous les caprices. À la longue, certains pourraient avoir de fâcheuses conséquences sur son développement, le refus de boire du lait notamment.

Le recours à la ruse

Tout le monde sait que le lait, qui constitue notre principale source de calcium et de vitamine D, est essentiel à la construction de dents et d'os sains. Les besoins d'un enfant d'âge préscolaire sont de deux à trois portions de produits laitiers par jour. Le jeune qui n'en consomme pas suffisamment risque d'amputer son capital-santé. Ses parents doivent donc veiller à lui offrir du lait au repas plutôt que du jus. Pour susciter son intérêt, on le laisse verser lui-même sa portion. Et on pense à lui offrir des verres attrayants, peut-être même avec une paille. On fait aussi en sorte que le lait soit à la température qu'il préfère.

Pour en améliorer le goût, on peut mélanger le lait avec des fruits ou des jus de fruits. Par ailleurs, on peut amener en douce le petit à en consommer davantage, en l'introduisant à table sous forme de soupes-crèmes, de fromages, de desserts ou de yogourt. Le matin, on en glisse dans le gruau et on combine du yogourt aux trempettes et sucettes glacées de la collation.

Au fait, les collations sont-elles vraiment nécessaires? Elles sont essentielles. Comme les jeunes enfants mangent peu à la fois, ils doivent manger souvent. Pour eux, les collations complètent les repas. Ainsi, si elles sont légères, nutritives et servies au moins deux heures avant le repas, elles ne coupent pas l'appétit et laissent toute la place nécessaire pour les légumes et la viande, entre autres. Pour éviter de couper l'appétit chez l'enfant, il faudra simplement s'assurer que sa consommation ne dépasse pas 750 millilitres (3 tasses) de lait et 250 millilitres (1 tasse) de jus par jour.

La variété à la rescousse

Les légumes et la viande présentent des saveurs, des couleurs et des textures qui permettent d'animer le plat le plus terne. Il suffit de connaître quelques petits trucs pratico-pratiques pour stimuler l'appétit d'un bout de chou capricieux. Pour conserver leur attrait, les légumes ne doivent pas être surcuits. Afin d'éviter la routine, on les sert tantôt en purée, tantôt râpés ou nappés d'une sauce blanche ou au fromage. S'ils sont crus, on peut les accompagner d'une trempette. Lorsqu'on introduit un nouveau légume au menu d'un enfant, on ne lui en sert tout d'abord que 5 millilitres (1 c. à thé) pour lui permettre de se familiariser. Enfin, il ne faut pas négliger les jus de tomate ou de légumes, les potages et les soupes.

Quant à ceux qui n'aiment pas la viande, peut-être se laisseront-ils tenter par d'autres aliments protéiques tels que le poulet, le poisson, les œufs, le fromage, le beurre d'arachides crémeux, le tofu et les légumineuses. Quoi qu'il en soit, il ne faut pas déclarer forfait devant un enfant qui refuse de manger de la viande avant d'avoir essayé les suggestions suivantes: servir la viande en pain, en pâté ou en sauce avec des pâtes; offrir de petites portions bien tendres de viande hachée ou en petits cubes afin de simplifier la mastication; varier la présentation — bouchées, languettes, bâtonnets ou morceaux faciles à manger à la main ou à la cuiller (si l'enfant éprouve de la difficulté à manipuler les ustensiles).

Une atmosphère détendue

Bien qu'un repas s'évalue d'après la qualité et la quantité de son menu, il va sans dire que l'environnement y fait aussi pour beaucoup. Une atmosphère détendue rend l'heure des repas plus joyeuse et combien plus profitable pour tous les membres de la famille. On évite donc de regarder la télé en mangeant et on s'efforce de respecter un horaire régulier. On invite l'enfant à participer à la préparation des repas. On l'avise d'avance afin qu'il puisse terminer l'activité qu'il avait entreprise. On l'accompagne à table et on lui permet de se mêler aux conversations. On ne le force pas à tout manger et on lui sert des petites portions; il pourra ainsi en redemander. On lui laisse son plat de 20 à 30 minutes, puis on le lui retire sans commentaire. On évite de parler de ses caprices. Pour l'habituer à un aliment qu'il aime moins, on lui en sert régulièrement de petites portions. On le laisse déterminer les quantités qu'il désire manger.

Enfin, on s'assure qu'il dorme suffisamment, car reposé, il mangera mieux. Et surtout, on s'efforce de donner l'exemple en favorisant une alimentation saine, variée et équilibrée. Les parents ne sont-ils pas les premiers mentors de leurs rejetons?

De l'enfance à l'adolescence

par Carole Lamirande, Dt.P.

Les besoins alimentaires des enfants, on le sait, diffèrent de ceux des adultes. En revanche, on sait moins comment s'assurer que l'on fait tout le nécessaire pour favoriser le développement harmonieux de son enfant de 4 à 12 ans et comment vérifier si sa croissance se déroule normalement...

Entre 4 et 12 ans, l'enfant subit d'énormes changements physiques: les os allongent, les dents se calcifient, les muscles et les organes se développent. En outre, le volume sanguin augmente au cours des années. Toutes ces transformations ne peuvent évidemment pas se produire harmonieusement sans un apport suffisant en énergie (calories) et en nutriments (vitamines et minéraux). Il est donc aisé de comprendre l'importance d'une alimentation équilibrée à ce stade de la vie.

À chacun son rythme

Même parfaitement alimentés, tous les enfants ne grandissent pas au même rythme. Entre l'âge de 2 ans et celui de l'adolescence, le développement et les besoins nutritionnels diffèrent énormément. Après 2 ans, le rythme ralentit. Les 4 à 5 ans présentent parfois des fluctuations d'appétit dignes d'inquiétude. Il ne faut pas s'en faire: elles sont généralement liées à des poussées de croissance irrégulières. Entre 5 et 12 ans, la croissance semble plus constante. Un gain de poids de 2 à 4 livres par pouce gagné peut alors être qualifié de «normal». Cela dit, tous n'ont pas les mêmes besoins au même moment. Enfin, la puberté (11 ans en moyenne chez les filles et 13 ans chez les garçons) est marquée par des besoins accrus en énergie et en nutriments, et ce, jusqu'à ce qu'à l'âge de la maturité physique: 14-15 ans chez les filles et 17-18 ans chez les garçons.

Des repères variables

Mis à part les courbes de croissance utilisées par les experts, il n'existe aucun outil permettant aux parents de vérifier la croissance de leur progéniture.

Toutefois, s'ils remarquent un arrêt ou un ralentissement significatif, ils doivent consulter au plus tôt le médecin et le diététiste/nutritionniste. Bien sûr, il est intéressant de comparer la taille et le poids de son enfant avec celui de la moyenne de la population, mais d'autres facteurs, l'hérédité par exemple, doivent aussi être pris en considération. Ce qu'il importe de viser, c'est un développement harmonieux et l'acquisition de bonnes habitudes de vie.

Une alimentation variée et composée des quatre groupes décrits par le *Guide alimentaire canadien pour manger sainement* permettent au jeune de maximiser son capital-santé. À l'instar du menu des adultes, celui des enfants doit comporter des produits céréaliers, des fruits, des légumes, des produits laitiers ainsi que des aliments provenant du groupe des viandes et substituts. Les enfants soumis à un régime lacto-ovo-végétarien (c.-à-d. comprenant produits laitiers et œufs) trouvent dans leur alimentation tous les nutriments indispensables à leur croissance.

En revanche, ceux qui ne consomment aucun produit d'origine animale (régime végétarien strict) s'exposent à certains risques de carence. Leurs apports en énergie, protéines, calcium, vitamine D, fer, riboflavine et vitamine B_{12} sont souvent insuffisants.

De petits estomacs

Nombreux sont les parents qui ne savent distinguer, à l'heure des repas, une portion «senior» d'une portion «junior». Ils devraient savoir que les enfants, ayant de petits estomacs, ne peuvent pas manger de grandes portions à la fois. De plus, en raison de leur niveau d'activité élevé, trois repas ne les satisfont pas nécessairement. Des collations nutritives, qui ne favorisent pas la carie dentaire, sont donc essentielles. Un autre élément clé de l'alimentation des petits est sans aucun doute le petit déjeuner. Indispensable, il permet de commencer la journée du bon pied. Ceux qui ne déjeunent pas, combleront difficilement leurs besoins nutritionnels aux autres repas.

Pour favoriser le développement de l'enfant et lui faire acquérir de bonnes habitudes alimentaires, les intervenants du milieu scolaire proposent diverses interventions. Certaines atteignent l'éducation aux niveaux préscolaire et primaire, d'autres visent à fournir des repas et des collations (offerts gratuitement ou à prix modiques) aux jeunes de milieu défavorisé.

Elles sont essentielles, car dans bien des cas, seul un effort concerté nous permettra de mieux nourrir l'avenir de nos enfants. Et c'est quand on est petit que les habitudes se prennent.

Des fibres pour les enfants

par Johanne Trudeau, Dt.P.

On ne consomme pas autant de fibres alimentaires qu'on le devrait. Alors que la norme recommandée par les experts en nutrition est de 25 à 35 grammes par jour pour un adulte, les Québécois n'en consomment en moyenne que 15 grammes. Et les enfants ne font pas mieux.

U ne enquête auprès d'enfants de 4 à 17 ans a révélé que ces derniers ingéraient de 11 à 14 grammes de fibres par jour, ce qui équivaut à environ la moitié de l'apport recommandé pour un adolescent de 15 ans et plus. Comment savoir quelle quantité consommer? C'est simple. Pour calculer les besoins quotidiens en fibres d'un jeune de 3 à 18 ans, il suffit d'additionner 5 à son âge. On obtient ainsi le nombre de grammes de fibres dont il a besoin chaque jour. Cette formule, développée par des spécialistes en nutrition de l'American Health Foundation, est basée sur les bienfaits scientifiquement prouvés des fibres sur la santé des enfants.

Des bienfaits connus

Les fibres alimentaires sont synonymes de saine nutrition et de prévention. Qu'elles proviennent des céréales, des fruits ou des légumes, elles ont la cote d'amour auprès des diététistes et des médecins. D'abord parce qu'elles remplacent les aliments contenant des matières grasses. Ensuite, parce qu'elles ont d'intéressantes propriétés qui contribuent à réduire le cholestérol sanguin et l'hypertension, ainsi qu'à prévenir l'obésité, les maladies cardiovasculaires et les cancers du sein et du côlon chez les adultes.

De plus, elles favorisent la régularité de la fonction intestinale et préviennent la constipation, tant chez les adultes que chez les enfants. Les jeunes, qui ont l'habitude de manger des aliments riches en fibres et qui continueront de le faire une fois adultes, bénéficieront certainement de leurs effets préventifs toute leur vie.

Une denrée répandue

Nul besoin d'acheter des produits spéciaux pour faire consommer davantage de fibres aux enfants. On peut tout simplement leur offrir des céréales à déjeuner à base de son de blé ou de grains entiers, du pain à grains entiers, des fruits, des légumes et des légumineuses chaque jour. La plupart des enfants aiment manger des aliments riches en fibres comme les pommes, les carottes, les oranges et diverses sortes de céréales à déjeuner. Il s'agit seulement de les inciter à en manger plus souvent pour s'assurer qu'ils comblent leurs besoins quotidiens.

Le *Guide alimentaire canadien pour manger sainement** recommande de consommer un minimum de 5 portions de produits céréaliers et de 5 portions de fruits et légumes chaque jour. Les enfants qui suivent ces recommandations atteignent facilement la norme recommandée. La formule «âge + 5» est pratique et sécuritaire, car elle permet d'augmenter la consommation de fibres au fur et à mesure que l'enfant grandit. Toutefois, pour permettre aux fibres de bien faire leur travail, l'enfant doit boire suffisamment.

Petits trucs

Comment faire consommer plus de fibres à son enfant
- *Le matin, servir des céréales à base de son de blé ou de grains entiers ou encore du pain à grains entiers;*
- *ajouter des céréales de son de blé écrasées dans les préparations de crêpes, muffins et pains maison;*
- *ajouter des fraises en tranches ou des morceaux de fruits aux céréales du matin; des fruits frais ou des légumes crus à la boîte à lunch; deux ou trois portions de légumes et de fruits au repas du soir;*
- *servir plus souvent des haricots secs, des pois et des lentilles;*
- *saupoudrer ses yogourts ou sa compote de pommes de céréales de son, de musli ou de céréales de type granola faibles en gras;*

• *incorporer des céréales de son de blé à la viande hachée du chili con carne, du spaghetti, des hamburgers ou du pain de viande; les utiliser pour paner le poulet et le poisson.*

Quelques points de repères
Pour mieux comprendre les notions ci-dessus, prenons l'exemple d'un enfant de 7 ans. La somme de son âge plus 5 donne 12. La quantité totale de fibres dont il a besoin est donc de 12 grammes par jour. Voici une façon d'y arriver:

5 portions de produits céréaliers	Contenu en fibres
175 ml (3/4 tasse) de céréales de son et raisins	*4,6 g*
1 tranche de pain de blé entier	*1,6 g*
125 ml (1/2 tasse) de pâtes	*1,2 g*
1/2 petit pain blanc	*0,5 g*
2 biscuits secs	*traces*
Sous-total :	*7,9 g*

5 portions de fruits et légumes	
1/2 pomme	*1,3 g*
1/2 banane	*0,9 g*
1/2 tomate	*0,7 g*
125 ml (1/2 tasse) de jus d'orange	*0,5 g*
1/2 carotte	*0,9 g*
Sous-total :	*4,3 g*
Total :	*12,2 g*

[*] Les recommandations du *Guide alimentaire canadien pour manger sainement* s'adressent aux enfants de plus de 4 ans. Les plus jeunes peuvent manger de moins grosses portions (par exemple, une demi-tranche de pain ou la moitié d'un légume ou d'un fruit moyen).

Stratégies pour un sportif

par Odette Tardif, Dt.P.

Nombreux sont ceux qui croient que certains aliments miracles permettent d'augmenter les performances physiques, ce qui explique l'omniprésence de capsules, de comprimés et de tablettes de toutes sortes dans les pharmacies et même les supermarchés. En réalité, même les plus grands sportifs peuvent s'en passer...

L es athlètes de tous niveaux devraient savoir qu'une saine alimentation répond aisément aux besoins accrus de leur organisme. Grâce à elle, ils peuvent faire fi de tous les suppléments sans pour autant nuire à leur rendement.

Le dosage de l'énergie

Il est évident que les dépenses énergétiques d'un athlète qui pratique un exercice prolongé ou se prépare à une compétition dépassent celles de Monsieur et de Madame Tout-le-monde. Aussi le sportif doit-il maintenir un équilibre alimentaire constant. À l'instar de la plupart d'entre nous, il doit répartir son apport énergétique quotidien comme suit: de 55 à 60% de ses calories doivent provenir des glucides, 15%, des protéines, et 25 à 30%, des lipides.

Pour compenser une demande énergétique accrue, il favorisera de plus grosses portions d'aliments plutôt que des suppléments. Pour en arriver à un équilibre et ne souffrir d'aucune carence, il composera ses menus d'aliments faisant partie des quatre groupes identifiés par Le *Guide alimentaire canadien pour manger sainement* en se souvenant que la clé du succès en alimentation se trouve dans la variété. C'est en fait la seule façon de se procurer tous les éléments nutritifs essentiels.

Les sportifs doivent favoriser une alimentation riche en glucides (ou sucres). Excellents carburants pour les muscles en action, ils contribuent grandement à la performance. À cet effet, les athlètes devraient privilégier les aliments appartenant au groupe des produits céréaliers (pain, muffins, pâtes, riz, céréales). Afin de mieux équilibrer leurs repas, ils y associeront des aliments protéinés: viandes maigres, volailles sans la peau, poissons, œufs, lait, ainsi que fromages et yogourts partiellement écrémés.

La vérité sur les protéines

Des protéines pour pulvériser des records? On rapporte qu'un lutteur prénommé Milo remporta cinq couronnes olympiques entre 536 et 520 avant J.-C. Il mangeait neuf kilos de viande par jour! Très répandue, l'association muscles et protéines a donné lieu à l'apparition sur le marché de plusieurs produits. Or, les muscles contiennent de 70 à 80 % d'eau et n'ont par conséquent besoin que de très peu de protéines supplémentaires. En fait, seul l'exercice développe les muscles.

Selon le Dr Michael Houston de l'Université de Waterloo, aucune étude scientifique ne justifie l'emploi de suppléments protéiques. Alors que les besoins quotidiens d'un adulte se situent à 0,86 g par kilo de poids, ceux des culturistes et des athlètes d'endurance de haut niveau sont de 0,96 g et 1,44 g respectivement. Or, une alimentation équilibrée comble largement les besoins en protéines de tous les gens actifs.

La pédale douce sur les vitamines

Il en est de même pour les vitamines. De nombreuses études permettent de conclure que les besoins en vitamines et oligo-éléments du sportif ne dépassent pas ceux du reste de la population. De plus, une absorption prolongée de vitamines A et D peut avoir des effets néfastes sur la santé. Et celle de vitamines C, B_6, B_{12}, de niacine et d'acide folique engendrent parfois des complications. La prudence est donc de rigueur.

Il en va autrement de certains minéraux comme le fer, le magnésium, le cuivre, le zinc ou le calcium, très importants. Cependant, l'«anémie du sportif», qui semble plus liée à une modification du métabolisme qu'à une insuffisance nutritionnelle, peut elle aussi être prévenue par une alimentation équilibrée. À cet effet, on favorisera des sources de fer faciles à absorber par l'organisme comme la viande, et plus particulièrement le foie.

D'autre part, les germes de blé, les céréales de son, le millet, les épinards et le tofu, entre autres aliments, contribuent à combler les besoins en magnésium, tandis que le foie, le bœuf, le veau, le crabe, les huîtres et les céréales de son ajoutent du zinc au menu. Pour le calcium, on privilégiera les produits laitiers et, autre source intéressante, les céréales pour bébé. Pour le cuivre, ce seront le foie, les noix de cajou, les champignons, les haricots secs, le brun de poulet et les bananes qui obtiendront la faveur de l'athlète.

Le rôle de l'eau

L'athlète à l'entraînement doit boire environ deux litres d'eau par jour. Car l'eau qu'il perd par la transpiration provient en grande partie du sang. Une sudation excessive et non remplacée diminue par conséquent le volume sanguin. Le cœur et les muscles ne recevant plus autant de sang, il s'ensuit une réduction de l'oxygène nécessaire à la pratique de l'exercice physique.

En outre, une déshydratation entraînant une perte de poids de 2% peut diminuer la performance de 15 à 20%. Si la perte de poids est de 3 à 5%, la force musculaire baisse de 50%. Sans compter que pendant l'exercice, la déshydratation peut donner lieu à des nausées, des maux de tête, des crampes et des palpitations. On comprend l'importance de bien s'hydrater.

Avant de faire du sport, il faut boire normalement et éviter café, thé, boisson gazeuse et alcool, car ces boissons ont la propriété de déshydrater. Comme la soif est un signe de déshydratation, nul besoin de la ressentir vraiment pour boire. Dès les premiers mouvements, on boira de 100 à 250 millilitres d'eau fraîche toutes les 10 ou 15 minutes. L'eau du robinet et l'eau de source embouteillée constituent les meilleurs choix. Quant aux boissons commerciales, on choisira des boissons isotoniques comme Gatorade, Sportade ou encore du jus de fruits non sucré dilué dans une égale quantité d'eau. Ces solutions contiennent à peine 5% de sucre et très peu de sodium et de potassium.

L'art de récupérer

Les comprimés de sel très concentrés ne seront adéquatement utilisés que s'ils sont absorbés avec une grande quantité d'eau. Ils sont réservés aux athlètes qui perdent plus de quatre litres d'eau au cours de leur activité. Après l'entraînement, il faut boire 500 millilitres d'eau par livre de poids perdue au cours de l'exercice et compenser les pertes de sel et de potassium causées par la transpiration en prenant par exemple du bouillon de poulet, du jus de tomate, du lait, des fruits séchés, une banane ou une orange.

C'est ainsi que l'athlète judicieusement conseillé puisera dans une alimentation équilibrée la puissance qui lui permettra de donner un rendement à la hauteur de ses capacités. Bien manger et bien s'hydrater, voilà la première des stratégies gagnantes!

À vos marques! Prêts? Partez!

• *Manger immédiatement avant une séance d'entraînement risque de provoquer des crampes, des nausées et des étourdissements. C'est en fait la conséquence de la compétition à laquelle se livrent l'estomac et les muscles, chacun se disputant un apport sanguin supplémentaire. Il faut patienter de deux à trois heures après un repas léger et de trois à quatre heures après un repas plus substantiel. S'il s'agit d'une petite collation (fruit, muffin, dessert au lait), prévoyez de la consommer une heure avant l'activité.*

• *Juste avant de s'entraîner, on évitera les sucres concentrés se trouvant, par exemple, dans le miel, le chocolat, les bonbons et les boissons gazeuses. Rapidement absorbés par l'organisme, ces sucres provoquent la libération de l'insuline, qui mène à une chute accélérée du taux de sucre dans le sang et engendre une sensation de fatigue.*

• *Il faut limiter les aliments riches en matières grasses (sauces, fritures, charcuteries, beurre, margarine, vinaigrette, etc.), car ils ralentissent la digestion.*

• *Pour pratiquer son sport sans gêne, la consommation d'aliments à haute teneur en fibres (pruneaux, légumineuses, son de blé, etc.), de mets épicés ou d'aliments gazogènes (ail, chou, brocoli, etc.) sera remise à plus tard.*

• *Au contraire de ce que l'on peut penser, il n'est nullement nécessaire de manger plus qu'à l'habitude après une activité de courte durée ou même après une randonnée d'une journée à vélo, en ski ou en canot. Il suffit de continuer à prendre des repas bien équilibrés.*

• *Pour éviter une panne d'énergie lors d'une excursion d'une journée au grand air, un déjeuner tonique composé d'un aliment de chacun des quatre groupes du guide est de rigueur.*

Les secrets de l'âge mûr

par Guylaine Bégin, Dt.P.

Grâce aux progrès de la science, on repousse sans cesse les limites de la vie et les centenaires en forme sont de moins en moins rares. Cependant, la vitalité de certains est si remarquable que l'on est plutôt tenté de l'attribuer à quelque secret magique...

E ffectivement, les aînés qui respirent la joie de vivre ont au moins un secret, tout simple : de bonnes habitudes alimentaires. Tout au long de la vie, l'alimentation joue un rôle de premier plan dans la santé des artères, de la peau, du sang et des os principalement. Bien s'alimenter est donc important à tout âge. Et même si aucun aliment n'empêche de vieillir, certains peuvent contribuer au maintien d'une santé de fer et à l'amélioration de la qualité de vie. À ce propos, il n'est jamais trop tard pour acquérir de bonnes habitudes.

Des besoins plus modestes

À chaque étape de la vie, le corps a besoin des mêmes éléments nutritifs que lorsqu'il grandissait. Mais comme au fur et à mesure que les années passent, les fonctions régénératrices ralentissent leur rythme, les besoins en énergie diminuent. En outre, la réduction de l'activité physique des aînés explique également la diminution de leurs besoins en énergie.

Pour obtenir tous les nutriments que leur organisme nécessite, ils doivent cependant continuer de manger quotidiennement des aliments provenant des quatre groupes suivants : produits céréaliers (pains, céréales, pâtes alimentaires, etc.); légumes et fruits (brocoli, oranges, jus de fruits ou de légumes, etc.); viandes et substituts (volaille, poisson, œufs, beurre d'arachides, etc.); et produits laitiers (lait, fromage ou yogourt notamment). Eh, oui! Vous avez bien compris : du lait. On en a besoin à tout âge. Il procure au système le calcium qu'il requiert pour combattre l'ostéoporose, cette maladie dont risque d'être atteintes de nombreuses personnes âgées, les femmes en particulier. Le calcium solidifie l'ossature et la garde en santé.

Une atmosphère détendue

En plus d'un choix judicieux d'aliments, certains autres facteurs peuvent influer sur la qualité de l'alimentation. On devrait notamment veiller à prendre ses repas dans une atmosphère calme et détendue et surtout à respecter des horaires réguliers. Ceux qui aiment écouter la télé pourraient, par exemple, décider de prendre l'un de leurs repas pendant leur émission préférée.

On devrait également s'efforcer de réduire sa consommation de matières grasses, de sucre et de sel tout en limitant celle d'alcool et en buvant plus d'eau. Six à huit verres d'eau par jour font le plus grand bien. En outre, les aînés veilleront à faciliter le fonctionnement de leur intestin en buvant des tisanes et en mangeant des aliments riches en fibres — pains et céréales à grains entiers, fruits et légumes, légumineuses, noix et graines.

Des repas légers

Pour améliorer leur digestion et ne pas surcharger leur estomac, ils éviteront les repas lourds, quitte à prendre des collations si le cœur leur en dit. Par ailleurs, ceux qui ont des problèmes de poids ne sauteront aucun repas. Ils seront plutôt attentifs aux signaux de leur organisme et sauront arrêter de manger dès qu'ils seront rassasiés. De plus, ils pourraient faire de l'exercice régulièrement.

Voilà pour la théorie, mais l'on ne peut pas changer ses habitudes alimentaires du jour au lendemain. Pour permettre à son corps de prendre un nouveau rythme, il ne faut pas le brusquer. Les aînés en santé ont aussi compris que ce qui importe n'est pas d'ajouter des années à la vie, mais de la vie aux années!

Menu type pour les aînés en forme
Le déjeuner
Une banane tranchée au jus d'orange
De la crème de blé au lait
Une rôtie de blé entier tartinée de beurre d'arachides
Un café ou un thé

Le dîner
Du jus de tomate
Une salade d'épinards
De la lasagne
Une coupe de poire et de pruneaux
Du thé

Le goûter
Un muffin au son
Un jus de fruit

Le souper
De la soupe aux légumes
Un sandwich aux œufs avec de la laitue sur du pain de blé entier
Du yogourt à la vanille et du cantaloup
Du lait

Le goûter
Du blanc-manger
De la tisane

Sans oublier de boire autant d'eau que possible au cours de la journée.

Le début de la sagesse

par Marthe Côté-Brouillette, Dt.P.

S'il est vrai que les femmes vivent en moyenne plus long-temps que les hommes, il n'est pas dit qu'elles vieillissent en meilleure santé. Celles qui aspirent à une belle vieillesse doivent savoir que, dès l'annonce de la ménopause, il leur faut apporter encore plus de soins à leur mode de vie.

Alors qu'entre 45 et 55 ans, elle a généralement acquis une bonne dose de confiance en elle et de maturité, la femme doit affronter des changements majeurs dans son métabolisme. La ménopause, qui met fin à la capacité de reproduction, se traduit par la disparition progressive du cycle menstruel. Par conséquent, elle entraîne une diminution des hormones féminines, c'est-à-dire les œstrogènes et la progestérone.

Tout au cours de la vie, ces dernières jouent plusieurs rôles importants dans le corps. Elles favorisent notamment l'absorption du calcium par les os. À la ménopause, l'arrêt de production d'œstrogènes par les ovaires provoque un changement capital de l'équilibre hormonal, ce qui se répercute sur tout l'organisme.

Prévenir l'ostéoporose

Le vieillissement engendre la perte du tissu osseux, qui est constitué principalement de cellules, de protéines et de minéraux, dont le calcium. Une perte importante peut aboutir à l'ostéoporose. En raison de la diminution de la production d'œstrogènes après la ménopause, les femmes présentent plus de risques d'en être touchées que les hommes. En effet, les recherches montrent qu'une femme sur quatre souffre d'ostéoporose à cette étape de la vie.

Les os se déminéralisent peu à peu. Ils deviennent poreux, friables et risquent de se briser facilement. Ceux du dos, de l'avant-bras, de la cuisse et de la hanche sont généralement les plus atteints. À titre préventif, il est bon de savoir que de saines habitudes alimentaires dès l'enfance peuvent faire toute la différence plus tard. En tout état de cause, la consommation quotidienne de produits laitiers riches en calcium s'impose à l'âge de la ménopause.

Boire du lait

Les produits laitiers tels que le fromage, le yogourt, la crème glacée, le lait, etc. sont riches en calcium et permettent de bâtir une masse osseuse solide. Par ailleurs, seul le lait liquide ou en poudre contient de la vitamine D en plus du calcium.

La vitamine D peut en quelque sorte prendre la relève des hormones féminines. Elle favorise l'absorption du calcium contenu dans les produits laitiers et contribue à le fixer sur les os. On ne peut donc pas échapper au verre de lait quotidien. En outre, pour lutter efficacement contre l'ostéoporose et conserver des os solides, on a avantage à pratiquer régulièrement un exercice physique, à limiter sa consommation d'alcool et à ne pas fumer.

Conserver son poids-santé

S'il est vrai qu'au cours de la ménopause, les gains de poids sont fréquents, il ne faut jamais perdre de vue la notion de poids-santé. Il faut essayer de maintenir à tout âge un poids convenable, même si on n'a plus la taille de ses 20 ans. Ne serait-ce que pour éviter le recours répété aux diètes sévères, qui peuvent entraîner de la fatigue, de l'irritabilité, de l'insomnie, de l'anxiété, etc. Les prises de poids excessives pourront être contrôlées par une alimentation équilibrée et la pratique régulière d'exercice.

Grâce à une plus grande maturité, à une meilleure connaissance de soi et à des habitudes de vie plus saines, l'âge de la ménopause peut être, pour toutes celles qui le veulent, l'âge de la sagesse et de la sérénité.

L'ostéoporose, un mal inutile

par Johanne Émond, Dt.P.

L'ostéoporose est une maladie insidieuse qui rend les os si poreux qu'ils finissent par ressembler à du gruyère. Ils deviennent si fragiles que même de simples éternuements peuvent provoquer des fractures graves. Or, ce mal figure parmi les plus répandus chez les femmes de plus de cinquante ans.

On estime que 850 000 Canadiennes souffrent d'ostéoporose, ce qui représente une femme sur quatre après la ménopause et une sur deux après 70 ans. Cet âge est également critique pour les hommes, puisqu'ils sont touchés dans une proportion de un sur six. On pense en fait que la masse osseuse de 2,5 millions de Canadiennes et de Canadiens est à ce point faible qu'elle résisterait à peine aux fractures.

Un ennemi sournois

L'absence de douleur au début de la maladie rend le dépistage difficile. En revanche, l'examen à l'ostéodensitomètre permet de déceler des pertes de la masse osseuse aussi minimes que de l'ordre de 3%. La Société de l'ostéoporose du Canada conseille d'ailleurs aux femmes de plus de 35 ans de passer régulièrement ce test. Repérés précocement, les dommages peuvent être limités.

Comme la prévention joue ici un rôle de premier plan, on surveillera les facteurs suivants: ménopause précoce ou post-ménopause, histoire familiale d'ostéoporose, maigreur et anorexie, aménorrhée (absence des règles), faible apport alimentaire en calcium et en vitamine D, sédentarité, tabagisme, abus d'alcool et de caféine, régimes hypocaloriques répétés. À noter que les femmes de race blanche et les Asiatiques y sont particulièrement sujettes.

La nutrition et la santé des os

Les os se développent au cours de l'enfance et de l'adolescence pour atteindre leur densité maximale vers la trentaine. Par la suite, ils se détériorent plus rapidement qu'ils ne se forment et s'affaiblissent graduellement. Par ailleurs, des changements hormonaux comme ceux liés à la ménopause ou à l'aménorrhée ainsi que certaines de nos habitudes de vie comme la sédentarité ou le tabagisme peuvent accélérer le processus. La nutrition s'avère heureusement un moyen simple et efficace d'acquérir et de maintenir une masse osseuse optimale.

Si notre alimentation est pauvre en calcium, l'organisme ira puiser dans le squelette les réserves dont il a besoin pour assumer pleinement toutes ses fonctions : formation des os, contribution à la contraction des muscles et à la coagulation du sang de même que participation au bon fonctionnement du système nerveux. Aussi, comme on le précise dans les *Recommandations sur la nutrition* publiées en 1990 par Santé et Bien-être social Canada, un apport quotidien en calcium d'au moins 700 milligrammes pour les femmes de 19 à 49 ans et de 800 milligrammes pour celles qui ont plus de 50 ans est indispensable. Certains spécialistes suggèrent même aux femmes en période de ménopause et à celles qui souffrent déjà d'ostéoporose d'en prendre jusqu'à 1000 ou 1500 milligrammes par jour.

Toutefois, même une surconsommation de calcium ne peut à elle seule assurer une entière protection. Il faut en plus pratiquer régulièrement une activité physique. Pendant la ménopause, l'hormonothérapie est tout indiquée. La modération, en ce qui a trait à la consommation d'alcool et de caféine, et l'abandon du tabac font également partie des mesures à considérer.

Prévenir dès l'enfance

Côté alimentation, on peut se fier au *Guide alimentaire canadien,* qui recommande aux adultes de consommer chaque jour de deux à quatre portions de produits laitiers, nos principales sources de calcium. En plus, le lait contient de la vitamine D et du lactose, deux éléments nutritifs qui facilitent l'absorption du calcium par l'organisme.

Si l'on ne peut consommer de produits laitiers, on consultera un diététiste pour lui demander des menus adaptés. En effet, le calcium est également présent, bien qu'en quantité moindre, dans les sardines et le saumon en conserve mangés avec les arêtes, les noix, les graines, les légumineuses, le tofu avec sulfate de calcium, le brocoli, les épinards, la rhubarbe et plusieurs produits céréaliers. Mieux vaut prévenir que guérir, et c'est justement en y pensant tous les jours dès le plus jeune âge qu'on pourra avoir le dessus sur l'ostéoporose.

Petits trucs

Quelques suggestions pratiques pour lutter contre l'ostéoporose

• *composer des collations de craquelins et de fromage;*

• *garnir plats de légumes et salades avec des amandes ou des graines de tournesol;*

• *utiliser du yogourt pour les trempettes ou les assaisonnements à salade;*

• *ajouter du saumon en boîte aux sandwichs, salades ou plats en casserole;*

• *mettre du fromage dans les sandwichs;*

• *utiliser du lait plutôt que de l'eau dans la préparation des soupes-crèmes;*

• *ajouter du tofu aux salades;*

• *rehausser les plats de légumes d'une sauce béchamel ou de fromage;*

• *choisir plus souvent comme desserts des yogourts, poudings ou blancs-mangers.*

Au cœur du quotidien

Il y a de multiples façons de manger sain, équilibré et savoureux sans se compliquer la vie ni dépasser son budget. Les diététistes/nutritionnistes nous donnent des conseils pratiques pour relever le défi des repas santé tous les jours de l'année. C'est avant tout une affaire d'organisation et d'imagination. Que ce soit à la maison, au travail ou au restaurant, il est possible de concilier saine alimentation, horaire chargé et déficit zéro. Un consommateur bien averti saura faire ses achats au bon endroit et manger à des tables qui offrent des plats de qualité à des prix raisonnables. Il importe de bien s'informer et de faire preuve de vigilance pour s'assurer de consommer des aliments qui regorgent d'éléments nutritifs. Pour ajouter un soupçon de couleur et de saveur au cœur du quotidien, apprenons à innover et à réinventer nos menus...

Pour des matins qui chantent...

par Hélène Bourque, Dt.P.

On sait que 29% des Canadiens de plus de 15 ans sautent régulièrement le petit déjeuner. Or, on ne le dira jamais assez, c'est effectivement «le repas le plus important de la journée». Le manque de temps ou d'appétit constitue une excuse irrecevable, car il est très facile de manger vite et bien le matin.

Il est vrai qu'à en entendre plusieurs le départ pour l'école ou le travail est la période la plus fébrile de la journée. Mais comment espérer avoir bon pied, bon œil sans avoir repris l'énergie perdue dans les 10 à 12 heures écoulées depuis le dernier repas? Les diététistes/nutritionnistes s'accordent à dire que le petit déjeuner devrait apporter à l'organisme de 20% à 25% des éléments nutritifs dont il a besoin. Pour ce faire, il devrait comporter au moins une portion de trois des quatre groupes d'aliments décrits dans le *Guide alimentaire canadien,* soit les produits céréaliers, les produits laitiers, les fruits et légumes, les viandes et substituts.

Halte au régime sec!

À la lumière de ce qui vient d'être dit, il est facile de comprendre qu'un petit déjeuner composé d'une rôtie et d'un café n'obtient pas notre faveur. Il ne contient en effet qu'un élément du groupe des produits céréaliers. Comment l'améliorer? Tout simplement en y ajoutant du lait, du fromage ou du yogourt; et, dans le groupe des viandes et substituts, du beurre d'arachides et des œufs. De plus, on peut remplacer à l'occasion les traditionnelles rôties de pain blanc par du pain de blé entier, des céréales chaudes ou froides, des bagels, du pain pita ou encore des muffins.

La liste pourrait bien sûr s'allonger. Il suffit de faire preuve d'imagination. Par exemple, s'il est plutôt rare de manger des légumes au début de la journée, les fruits, eux, sont toujours les bienvenus, d'autant qu'ils peuvent être consommés frais, en jus ou en compotes (à teneur modérée en sucre, de préférence).

Gare au sucre!

La «dent sucrée» des Québécois peut en porter quelques-uns à choisir des beignes, des brioches, des muffins-gâteaux ou des pâtisseries plutôt que du pain de blé entier, par exemple. Ils devraient alors savoir que la teneur en calories de ces aliments dépasse souvent leur valeur nutritive. Il en va de même pour les céréales sucrées qui, en plus de coûter plus cher que la plupart des céréales à grains entiers, ne contiennent que très peu de fibres alimentaires. Par ailleurs, la confiture, la gelée et le miel ne font qu'augmenter l'apport en calories du repas. Il vaudrait donc mieux, en général, leur substituer du beurre d'arachides ou du fromage et réserver les garnitures sucrées pour les occasions spéciales.

Petits trucs

• *En mettant la table la veille, on gagne une bonne dizaine de minutes le matin.*

• *Un petit déjeuner complet et équilibré peut se préparer en moins de cinq minutes: un bol de céréales dans du lait accompagné d'un verre de jus ou une rôtie, un fruit et un verre de lait... et le tour est joué.*

• *Une autre recette vite faite, vite servie: deux rôties avec du beurre d'arachides ou du fromage, un verre de jus ou de lait.*

• *Si le temps manque, on peut facilement se préparer la veille un goûter à prendre au cours de la matinée se composant par exemple d'un muffin, d'un fruit, d'un morceau de fromage et d'un berlingot de lait ou de jus.*

Une question d'habitude

À ceux qui prétendent avoir perdu l'habitude de manger le matin, nous conseillons de la reprendre progressivement. Les premiers jours, un fruit suffira. Puis, en ajoutant un à un d'autres aliments, ils en viendront à se préparer des petits déjeuners complets. Pour avoir meilleur appétit au lever, ils pourraient commencer par souper tôt et légèrement la veille et éviter de grignoter en soirée.

Quant à ceux qui sautent le petit déjeuner sous prétexte de vouloir maigrir, nous avons une révélation décevante à leur faire. Des études ont démontré que la plupart des gens qui prennent deux repas au lieu de trois engraissent plus souvent qu'ils ne maigrissent. Le corps a besoin d'énergie ou de calories pour fonctionner. En sautant le repas du matin, on se trouve à manger plus et plus souvent tout au long de la journée. Il va sans dire que pour perdre du poids, il vaut mieux adopter de bonnes habitudes alimentaires, dont la consommation de trois repas quotidiens, et faire régulièrement de l'exercice. En somme, il n'y a aucune excuse valable pour ne pas bien déjeuner.

Le plus beau des cadeaux

par Johanne Spénard, Dt.P.

Pour préserver sa santé et sa qualité de vie, quel meilleur point de départ que bien se nourrir! En mangeant bien, on se fait le plus beau des cadeaux. Pourquoi s'en priver? C'est si facile d'inscrire la santé à ses menus quotidiens: les aliments les plus nutritifs sont les aliments de base qui n'exigent, la plupart du temps, aucun artifice.

Puisque le corps nécessite de l'énergie tout au long de la journée, il faut en répartir l'apport au cours des trois repas principaux et de quelques collations en mettant à l'honneur les grains entiers, les fruits et les légumes colorés, les produits laitiers maigres et les légumineuses. Et en réduisant sa consommation de gras au profit des fibres. Voici quelques suggestions simples pour mettre ces principes en application du petit déjeuner au souper.

Le petit déjeuner

Le meilleur moyen de ne pas sauter le repas matinal est sans doute de dresser la table la veille. Dans son assiette, on mélange des céréales riches en fibres à celles que l'on consomme habituellement avant de les décorer de fruits frais ou séchés. En y ajoutant une bonne dose de lait partiellement écrémé ou de yogourt nature, on est certain de partir du bon pied. On peut aussi se faire griller du pain de blé entier ou de seigle, le tartiner de beurre d'arachides, puis le couronner de tranches de banane, ou encore garnir des crêpes multigrains de sauce aux pommes. Attention aux croissants, brioches et muffins du commerce, qui contiennent plus de gras qu'il n'y paraît.

Du goûter au dîner

La fringale de 10 heures se manifeste et l'on se trouve devant des machines distributrices. Que faire? Privilégier les fruits frais ou séchés, les noix, les graines ou les biscottes avec du fromage. Ou apporter ses collations de la maison, muffins ou mélanges granola allégés, par exemple. Plus pratique et plus économique!

À midi, on s'offre un repas nutritif qui vient tout droit de la maison. Sont alors à l'honneur les mariages les plus variés: pita de son d'avoine, pain de blé entier ou bagel garni de jambon et de fromage ou d'une autre source de protéines comme les œufs, le poulet, le rôti de bœuf ou de porc, le thon, le saumon ou le végépâté. Pour boire, un jus de légumes et, en guise de dessert, des fruits, du yogourt ou du fromage. L'organisation étant à la base des repas-santé, il faut prendre le temps de les préparer d'avance.

Si l'on préfère prendre son repas au restaurant, il faut savoir qu'il est toujours possible d'y faire des choix-santé. Ainsi, après la soupe, on passe au plat de viande, de poisson ou de légumineuses servi avec des légumes variés plutôt que des frites. Et on termine le repas par un dessert au lait: pouding au riz, crème caramel ou tapioca.

Le souper

Le soir, moment privilégié, il y a de multiples façons de manger sain et savoureux. En entrée, on sert des crudités agrémentées d'une trempette à base de yogourt et de fromage maigre. Comme plat principal, des pâtes par exemple. À l'occasion, on troque la sauce à la viande pour une sauce aux lentilles ou aux fruits de mer. Pour briser la routine et charmer dès le premier coup d'œil, on garnit ses plats de pâtes de brocoli et de différents légumes verts. Lorsqu'on cuisine des viandes, on choisit naturellement le bouillon avant les matières grasses.

Quant au poulet, on en retire la peau avant de le faire cuire et, pour en rehausser la saveur, on l'accompagne d'oignons, de tomates, de poivrons, de fines herbes, etc. En outre, lorsqu'on cuisine d'avance, on laisse refroidir les bouillons, les ragoûts et les sauces pour pouvoir les dégraisser facilement. La vinaigrette et la mayonnaise peuvent être coupées avec du yogourt nature.

Comme il faut introduire des légumineuses (pois chiches, haricots secs, lentilles, etc.) à son alimentation, on les incorpore aux soupes, aux sauces à spaghetti, aux pâtés chinois, aux chop suey et aux lasagnes. Sans oublier les plats de légumes farcis tels que les aubergines, courgettes et poivrons. Les desserts prennent la forme de pains aux bananes, aux dattes, aux noix ou à la cannelle, ce qui permet de couper du tiers les quantités de sucre et de gras contenues dans la plupart des gâteaux ordinaires.

Chaque repas est une occasion de se faire plaisir et de profiter pleinement de la vie. En gardant à l'esprit ces quelques suggestions, vous vous offrirez le plus beau des cadeaux: une alimentation saine et variée.

Planifier son marché... c'est payant!

par Johanne Guillemette, Dt.P.

Par manque de temps et parfois d'argent, adopter de saines habitudes alimentaires n'est pas toujours aisé. La meilleure façon de procéder? Planifier. Paradoxalement, c'est d'autant plus important si l'on fait partie de ceux qui voient l'épicerie comme une corvée.

Tout est question de planification. C'est la meilleure façon de rendre l'achat des aliments plus agréable, plus satisfaisant, plus économique et plus bénéfique.

Des courses hebdomadaires

Certains font l'épicerie quotidiennement sans se douter que cette méthode risque de leur coûter plus cher que s'ils faisaient leurs achats de la semaine d'un seul coup. En plus, en achetant à la hâte, au gré de l'inspiration du moment, on augmente ses chances de faire de mauvais choix.

Mieux vaut grouper ses achats. Idéalement, on se fait une liste mise au point en fonction des menus de la semaine. Quand le temps presse, on peut la rédiger dans l'autobus, en regardant la télé ou dans une file d'attente, par exemple. Il n'y a donc aucune raison d'arriver au supermarché sans savoir ce que l'on veut. Afin de respecter son horaire, il est prudent d'inscrire la période réservée au marché dans son agenda. Il faut prévoir de 45 minutes à une heure en moyenne pour le marché d'une famille.

Une liste variée

La seule façon de réussir ses courses, c'est de les préparer d'avance. Et la planification commence au moment de créer les menus de la semaine en fonction des prix spéciaux annoncés dans les circulaires des supermarchés. Puis, on dresse sa liste. On peut ainsi bénéficier du meilleur choix au meilleur prix. C'est ce qui permet de composer des repas nutritifs à moindre coût. Il est important de choisir attentivement ses aliments, car ils jouent un rôle important dans le maintien de la santé. L'organisme nécessite plus de 50 nutriments différents par jour. Voilà pourquoi, dans le domaine de la nutrition, la variété tient le haut du pavé.

En consommateur averti, on aura toujours certains aliments de base dans le garde-manger ou le réfrigérateur. On songe ici aux légumes, aux fruits frais ou séchés, aux jus de fruits et de légumes, au riz, aux produits céréaliers à grains entiers, aux pâtes alimentaires, au fromage, au yogourt, aux œufs, au poisson en conserve et aux légumineuses.

Avec un peu de volonté, on peut réussir à adopter des habitudes alimentaires exemplaires. Planifier soigneusement ses menus et sa liste d'emplettes est sans conteste la première étape de cette démarche.

Petits trucs

Quelques trucs éprouvés pour une épicerie réussie
- *faire l'épicerie dans un supermarché que l'on connaît;*
- *se rendre au supermarché en dehors des heures d'affluence;*
- *tout acheter au même endroit plutôt que de visiter une série de boutiques spécialisées;*
- *s'en tenir à sa liste d'épicerie;*
- *faire le marché après avoir mangé, jamais le ventre vide;*
- *acheter un aliment pour ce qu'il est et non pour une marque ou un bel emballage;*
- *se méfier des étalages spectaculaires.*

Infos
Selon des statistiques récentes, les gens seuls dépensent plus que les autres pour l'épicerie, soit 50$ environ par semaine. Les couples sans enfant y consacrent 40$ par personne et les familles avec enfants se limitent à 30$. Cela dit, plus la cellule grandit, plus il faut faire des choix judicieux pour la santé de son porte-monnaie. C'est ici que l'on peut mesurer l'efficacité d'une bonne liste d'épicerie, conçue pour manger mieux, moins cher.

Équilibre parfait et déficit zéro

par Marie Breton, Dt.P.

En alimentation comme en toute autre chose, la plupart d'entre nous cherchent à tirer le maximum de leur investissement. Nous désirons équilibrer nos repas sans dépenser outre mesure ni négliger la qualité. Voici quelques conseils pour planifier intelligemment nos placements alimentaires...

Sources de protéines les plus connues, la viande et la volaille représentent près du quart des dépenses alimentaires en magasin des Canadiens. Le poisson ne représente que 5%, et les légumineuses sont encore bien peu répandues.

Varier les sources de protéines

Toujours tendre, facile à mastiquer et à digérer, le poisson offre à la fois la facilité, la rapidité et la variété de préparation. En outre, contenant moins de gras que d'autres sources de protéines, dont la plupart des coupes de viandes et des fromages, c'est un excellent aliment, à condition bien sûr qu'on le prépare avec peu de matières grasses.

On croit aussi que le gras polyinsaturé de type oméga-3 qu'il renferme contribuerait à diminuer les risques de maladie cardiovasculaire. On privilégiera pour cela les poissons comme la truite, le thon, le saumon, le maquereau, le hareng et les sardines. Puisque le poisson répond parfaitement aux exigences de la vie trépidante d'aujourd'hui, pourquoi ne pas en manger deux à trois fois par semaine?

Autre substitut de la viande, les légumineuses, très économiques, possèdent des qualités qui méritent d'être mises en valeur. En effet, qui penserait que 250 ml (1 tasse) de légumineuses cuites coûtent entre 10 et 20¢ lorsqu'on les achète sèches?, que cette même portion contient autant de protéines que 60 à 90 grammes de viande, volaille ou poisson cuits?; et qu'en plus son contenu en fibres vaut celui de six tranches de pain de blé entier ou de trois pommes?

En outre, les légumineuses procurent à l'organisme fer, magnésium, calcium, vitamines B et E ainsi que du cuivre et du zinc. Les légumineuses permettent aussi de limiter notre apport en gras et en cholestérol tout en augmentant notre consommation de fibres alimentaires et de glucides complexes. Leur coût est si modique qu'il serait profitable de les incorporer plus souvent à certaines recettes pour remplacer la viande, en tout ou en partie, dans les ragoûts, les sauces à spaghetti, les pâtés chinois, etc.

Dévorer pain et céréales

Le *Guide alimentaire canadien* recommande de consommer quotidiennement, selon ses besoins, de 5 à 12 portions d'aliments faisant partie du groupe des produits céréaliers. Il est bon de rappeler que, contrairement à ce que plusieurs croient, ni le pain ni les pâtes ne font engraisser. Une tranche de pain, 175 ml (3/4 de tasse) de céréales non sucrées ou 125 ml (1/2 tasse) de pâtes ou de riz cuits fournissent de 60 à 125 calories, environ la même quantité qu'une pomme.

Les produits céréaliers procurent de l'énergie sous forme de glucides complexes, fibres, protéines, vitamines et minéraux. Et tout cela pour aussi peu que 6¢ la tranche de pain ou la portion de 125 ml de riz brun, de bulgur (riz concassé précuit), de gruau ou de spaghettis!

À prix égal, les produits à base de grains entiesr représentent un meilleur investissement que les produits faits de céréales raffinées. En effet, ils fournissent davantage de fibres, de vitamines et de minéraux.

Aussi, pour s'assurer de faire des choix judicieux, il faut lire les étiquettes et opter pour les produits dont la liste des ingrédients affiche en premier lieu le mot «entier». En outre, pour le pain, on vérifiera que son pourcentage de farine de blé entier est bien de 100 %. On favorisera également les céréales à faible teneur en sucre ou non sucrées, les pâtes de blé entier, le riz brun et le bulgur.

Savourer fruits et légumes

Selon le *Guide alimentaire canadien,* nous devrions consommer de 5 à 10 portions de fruits et de légumes par jour pour les fibres, l'énergie, les vitamines et les minéraux qu'ils fournissent. Les fruits et les légumes orange ou vert foncé, les fruits citrins et les crucifères (chou, chou-fleur, brocoli, choux de Bruxelles) auraient, entre autres propriétés, celle de diminuer les risques de certains cancers.

Frais et sans meurtrissure, ils offrent une valeur nutritive maximale. En saison, les fruits et légumes frais sont offerts à bons prix. Hors saison cependant, on choisira ceux qui font l'objet de promotions ou on se tournera vers les surgelés et les conserves, selon le coût. On veillera à acheter des fruits en conserve «dans leur jus» et «sans sucre ajouté» ainsi que des légumes non additionnés de sucre, sel ou autre additif.

En variant ses achats, en suivant les promotions des chaînes d'alimentation et en appliquant les principes d'une saine alimentation, il est facile de composer des menus équilibrés sans pour autant grever son budget.

Casser la croûte sans se casser la tête

par Chantal Giroux, Dt.P.

Entre les réunions d'affaires et les rendez-vous, les repas sont souvent avalés à la sauvette après avoir été choisis en quatrième vitesse dans les distributeurs du bureau, chez le dépanneur ou au comptoir-traiteur de l'épicerie. Qu'à cela ne tienne, il est toujours possible d'allier saine alimentation et horaires chargés.

De plus en plus de lieux publics sont aménagés pour répondre aux besoins des gens pressés. Les distributeurs automatiques, les dépanneurs et les marchés d'alimentation sont autant d'endroits qui adaptent leurs produits aux exigences des consommateurs soucieux de leur santé, mais souvent à court de temps. Ces derniers, qui désirent toujours faire des choix judicieux, se soumettront d'abord à cette grande règle : s'assurer que chacun de leurs repas comporte des aliments des quatre groupes du *Guide alimentaire canadien*. Un repas à base de produits céréaliers, de fruits et légumes, de produits laitiers et de viande ou de ses substituts, c'est déjà un pas dans la bonne voie.

Devant le distributeur automatique

Les distributeurs et les cantines mobiles représentent des solutions de dépannage intéressantes pour tous les repas de la journée. Ainsi, le matin, on peut y acheter un muffin au son et aux raisins, un berlingot de lait ou une boisson au yogourt et une pomme ou une orange. Pour le dîner ou le souper, on privilégie les soupes et les sandwichs au pain de blé entier. Certains distributeurs proposent même des mets cuisinés qu'il suffit de réchauffer au four à micro-ondes. On complète le repas avec des crudités, une salade, un jus de légumes ou de fruits, un yogourt, des biscuits à l'avoine ou des biscuits à thé.

Pour refaire le plein d'énergie au milieu de la journée, on se laisse tenter par du fromage et un fruit frais ou des craquelins, des bretzels, des tablettes de céréales ou des mélanges de fruits séchés et de noix.

Plus les consommateurs demanderont des aliments nutritifs, plus ils encourageront les propriétaires de distributeurs et de cantines à modifier leur approvisionnement. Il ne faut donc pas hésiter à faire des suggestions.

Chez le dépanneur

Pour leur part, les dépanneurs proposent de plus en plus souvent des aliments frais et des repas apprêtés sur les lieux. Certains d'entre eux mettent des fours à micro-ondes à la disposition des clients afin qu'ils puissent y réchauffer les mets cuisinés vendus sur place.

Chez le dépanneur, nos choix-santé s'orientent vers les sandwichs à la dinde, au jambon ou au rôti de bœuf plutôt que vers ceux dont les garnitures sont à base de mayonnaise. Si l'on opte pour des salades, on les arrose d'un peu de vinaigrette. D'autres options intéressantes: les haricots en sauce tomate, la pizza végétarienne ou garnie de jambon et de légumes, la salade de fruits et l'eau de source pétillante. On se méfie des aliments frits, des hot-dogs, des beignes, des muffins géants et des biscuits fourrés de crème. Leur teneur élevée en matières grasses risque de nous donner une sensation de lourdeur qui nous rendra moins efficace au travail. Et surtout, on surveille toujours les dates de péremption des produits, qui sont un gage de fraîcheur.

Au comptoir-traiteur

On retrouve de nombreux plats cuisinés prêts-à-manger dans les marchés d'alimentation. Les consommateurs soucieux de leur alimentation préfèrent parfois les supermarchés aux restaurants rapides, car leur menu est plus élaboré et bien plus savoureux. On se tourne donc vers les assiettes du type «sandwich-crudités» ou «salade-repas». Dans tous les cas, cependant, on incorpore à ses repas des aliments des quatre groupes alimentaires, sans oublier les fibres, le calcium et les vitamines. Enfin, on se détourne aussi souvent que possible des attirantes odeurs de poulet frit, qui peuvent nous mener à des repas trop riches en matières grasses.

À bien y penser, casser la croûte sans se casser la tête, c'est possible. En tout temps, les règles de base consistent à rechercher l'équilibre, la variété et la fraîcheur. En mangeant mieux partout, on veille à sa santé au quotidien.

L'étiquette fait le produit

par Ginette Matteau, Dt.P.

Qu'est-ce qui donne ce goût si particulier à mes craquelins préférés? Combien de calories mon yogourt contient-il? Un verre de jus d'orange me fournit-il suffisamment de vitamine C pour une journée? Pour le savoir, il suffit bien souvent de consulter les emballages...

L'étiquetage nutritionnel vise à renseigner le consommateur sur la valeur nutritive des aliments. Il est fort utile à ceux qui se soucient de la qualité de leur nourriture, qui désirent se conformer aux principes d'une saine alimentation ou qui doivent suivre un régime précis.

La liste des ingrédients

Les ingrédients y sont inscrits par ordre décroissant d'importance dans la composition de l'aliment. Par conséquent, un produit contenant majoritairement du shortening, de l'huile ou du beurre renfermera surtout des gras. Autre chose à savoir: la mention de sel et de bicarbonate de sodium dans la liste des ingrédients signifie que nous sommes en présence d'un aliment contenant une quantité appréciable en sodium, c'est-à-dire au moins 40 mg pour 100 grammes.

Si, en plus de consulter la liste des ingrédients, nous portons attention au tableau d'information nutritionnelle, nos connaissances seront plus complètes et nous ferons encore de meilleurs choix.

Le tableau nutritionnel

Il est très pratique pour tous ceux qui cherchent à équilibrer leur régime alimentaire en fonction de leurs besoins. Il informe sur la valeur énergétique et les différents éléments contenus dans l'aliment: les protéines, les matières grasses, les glucides, les vitamines et les minéraux. La diffusion de l'information à ce sujet est soumise à la Loi sur les aliments et drogues. Respectant la réglementation, le tableau d'information nutritionnelle donne la quantité de la plupart de ces éléments dans une portion déterminée. Comme les portions varient d'un aliment à l'autre et d'une marque à l'autre, il faut être très attentif avant de faire des comparaisons.

Sur le tableau d'information nutritionnelle d'un aliment, l'énergie fournie par les protéines, matières grasses et glucides est indiquée en calories (cal) et en kilojoules (kJ). Les protéines, les matières grasses et les glucides sont mesurés en grammes; le sodium et le potassium, en milligrammes. La teneur en vitamines et minéraux est indiquée sous la forme d'un pourcentage de l'apport quotidien recommandé pour la majorité d'entre nous.

Ce tableau n'est pas obligatoire. Cependant, lorsqu'il apparaît sur une étiquette, il donne au moins des précisions sur les éléments de base que sont l'énergie, les protéines, les matières grasses et les glucides. À l'occasion, il sera complété par la teneur en sodium, en potassium, en vitamines et en minéraux.

Les réclames nutritionnelles

Plus en évidence que la liste des ingrédients et le tableau d'information nutritionnelle, les réclames, que l'on voit en gros caractères sur les emballages, cherchent à capter l'attention. Assurons-nous de bien en comprendre le sens. Par exemple, afin d'être qualifié de «léger», un aliment doit avoir été réduit d'au moins 25 % de son contenu (en calories, en sucre, en sel ou en matières grasses) par rapport à l'aliment de référence. Et cela ne signifie rien d'autre.

À ce propos, attention au «goût léger» et à la «texture légère», qui n'ont rien à voir avec la valeur nutritive. Sans exclure complètement les aliments peu nutritifs de son alimentation, on doit les y introduire avec parcimonie. L'important, c'est de bien lire les étiquettes et de connaître les propriétés des aliments afin d'en gérer intelligemment sa consommation.

Un exemple de tableau d'information nutritionnelle

Lait partiellement écrémé 2% par portion de 250 ml (1 tasse)

Énergie	*129 cal, 540 kJ*
Protéines	*8,6 g*
Matières grasses	*5 g*
Glucides	*12 g*
Sodium	*129 mg*
Potassium	*398 mg*

Pourcentage de l'apport quotidien recommandé (AQR)
Vitamine A   11%
Vitamine D   45%
Calcium   29%

Possédant une bonne quantité d'éléments nutritifs essentiels, le lait est une excellente source de protéines, calcium et vitamine D. Il procure en plus de l'énergie, de la vitamine A et du potassium. Il se révèle ainsi un aliment nutritif de première classe.

L'ordinateur de table

par Sylvie Landry, Dt.P.

Comme nous le constatons chaque jour, l'informatique prend tous les domaines d'assaut, et la diététique n'échappe pas à ce vent de modernisation. Les logiciels de nutrition, bien que très utiles, ne peuvent nous dispenser de recourir aux services de diététistes/nutritionnistes professionnels.

Pour répondre aux exigences des diététistes/nutritionnistes et à celles de toutes les personnes qui se préoccupent de leur alimentation, les informaticiens ont conçu des logiciels faciles à utiliser et à interpréter. Ces outils de travail, qui accélèrent des recherches souvent ardues, peuvent généralement être adaptés aux ordinateurs personnels.

Afin de satisfaire les besoins nutritifs de leurs clients, les compagnies aériennes, les maisons d'enseignement et les services de diététique se servent constamment de ces logiciels spécialisés. Créés sur mesure, ils permettent aussi à ces organisations d'optimiser leurs ressources en évaluant le temps de préparation et le coût des repas qu'elles inscriront à leurs menus.

L'application personnelle

Parmi les logiciels qui sont offerts aux consommateurs, on en trouve qui fournissent des renseignements précis sur la valeur nutritive de plusieurs aliments, mets ou menus. Ils servent à vérifier l'équilibre de ses repas ou à comparer sa consommation avec les conseils prescrits par les experts en nutrition.

Il ne semble pas toujours évident d'appliquer dans le quotidien les recommandations émises par le *Guide alimentaire canadien pour manger sainement*. Qu'à cela ne tienne, les logiciels de nutrition contiennent des données sur le nombre et la grosseur des portions ainsi que sur les quatre groupes d'aliments. Ils peuvent analyser les contenus en calories, glucides, lipides (gras), cholestérol, vitamines, minéraux et fibres alimentaires.

L'ordinateur à la rescousse

Les logiciels que l'on trouve habituellement sur le marché ont été mis au point en fonction des habitudes alimentaires des Nord-Américains. Aussi, ils tiennent compte des menus de restauration rapide, de mets traditionnels et parfois de quelques denrées exotiques. Afin de fournir une analyse nutritionnelle complète et détaillée, certains logiciels sophistiqués comportent des données sur près de 10 000 aliments.

Cependant, avant d'acheter un programme, il est préférable d'en vérifier la provenance, car les banques de données canadiennes procurent des renseignements sur des aliments fabriqués selon les normes établies ici. Prenons l'exemple de la farine. Les normes canadiennes d'enrichissement en vitamines diffèrent de celles des États-Unis. Il est donc souhaitable que les données du logiciel que l'on utilise correspondent exactement à la composition de l'aliment consommé.

Adieu aux calculs fastidieux!

Avec l'aide d'un outil de travail perfectionné, il est possible d'établir son bilan alimentaire de la journée ou, mieux, de la semaine. À ce chapitre, il faut savoir que l'étude hebdomadaire procure des résultats plus représentatifs que l'analyse quotidienne. Les écarts d'un repas ou d'une journée peuvent en effet être compensés par des menus plus équilibrés par la suite.

La plupart des programmes offrent la possibilité de composer des recettes à partir de la base de données. Grâce à l'analyse nutritive, chacun peut désormais se concocter ses propres recettes santé. Certains en profiteront peut-être pour personnaliser leurs recettes préférées en remplaçant la mayonnaise ou la crème sûre par du yogourt afin d'en réduire la teneur énergétique et auront la possibilité de vérifier rapidement les bénéfices à l'aide du calcul informatique de la valeur nutritive.

Cela dit, l'alimentation est une discipline fort complexe. Et elle le restera toujours, car de nombreux facteurs agissent sur la santé de chacun. C'est pourquoi l'application des principes de la nutrition préventive ou thérapeutique doit être personnalisée. Si l'informatique est un instrument fort utile, il n'est qu'un complément des connaissances et du jugement professionnel des diététistes/ nutritionnistes.

La mise en conserve sans risque

par Diane Conte, Dt.P. et Daniel Lavoie, Dt.P.

À l'image des écureuils, certains font au début de l'automne leurs provisions pour l'hiver, profitant de l'abondance des fruits et des légumes frais. Mais pour pouvoir pleinement savourer ses conserves tout au long de l'année, il faut prendre des précautions. Une technique mal maîtrisée comporte des risques d'intoxication.

L a mise en conserve vise à préserver la valeur nutritive des aliments tout en empêchant le développement des micro-organismes et des germes qui, naturellement présents, produisent des toxines dangereuses pour la santé. La principale bactérie à neutraliser est sans nul doute la C. botulinum, qui cause le botulisme, une intoxication très dangereuse. Il faut donc être sur ses gardes quand vient le temps de faire des conserves.

Deux méthodes de stérilisation

Il existe deux méthodes valables de mise en conserve domestique : la méthode à l'eau bouillante et la méthode à l'autoclave (marmite à pression). Comme l'acidité inhibe la croissance de nombreux micro-organismes, les aliments acides — comme les fruits — ne nécessitent qu'un bain d'eau bouillante pour être mis en conserve. La tomate, aliment-vedette est, contrairement à ce que l'on est porté à croire, moins acide que la plupart des fruits. Aussi, avant de la mettre en pot, il faut acidifier le milieu avec du jus de citron reconstitué ou du vinaigre. Quant à la stérilisation des légumes, des viandes, des poissons, des volailles et de certains mets cuisinés, elle doit se faire à l'autoclave, à une pression spécifique de 70 kPa (10 lb) par exemple.

Par ailleurs, il est déconseillé d'effectuer la mise en pot qui se termine simplement par l'application du couvercle. Sans les ustensiles, connaissances et appareils appropriés, il vaut mieux s'abstenir que de risquer sa santé, d'autant plus que la congélation est une solution de rechange très acceptable (surtout pour les viandes, les poissons et les volailles). En somme, le traitement à l'eau bouillante suffit aux fruits (dont la tomate), alors que l'autoclave devrait toujours être utilisé pour les légumes, les viandes, les poissons, les volailles et certains mets cuisinés (ex.: sauce à spaghetti).

Préservation de la valeur nutritive

La valeur nutritive des aliments en conserve se compare très bien à celle des aliments frais, mais il se produit tout de même une perte de nutriments lors de la mise en conserve et de l'entreposage. Les méfaits seront minimisés si les conserves sont entreposées à une température variant entre 13°C et 21°C. De plus, une bonne partie des vitamines et des minéraux peuvent être récupérés si on utilise le liquide de conservation dans ses recettes et si on consomme les produits dans l'année.

Afin d'optimiser les résultats, on se servira de contenants spécifiquement destinés à cette fonction. Les vieux bocaux vides de beurre d'arachides, de mayonnaise, etc. sont à proscrire, car ils sont difficiles à sceller et assez peu résistants. L'utilisation de petits formats (500 ml ou 2 tasses) permet une meilleure répartition de la chaleur.

Autres précautions

Certains signes nous préviennent du danger de consommer des aliments. Aussi faut-il être attentif, au moment de l'utilisation, aux contenants qui ne sont pas étanches, qui perdent du liquide, dans lesquels des bulles se forment ou dont le liquide est brouillé. Naturellement, une odeur nauséabonde est une autre forme d'avertissement à prendre en considération. Il faut donc systématiquement porter attention à ces signes de contamination. Lorsqu'on se rend compte de leur présence ou qu'un doute s'installe, il vaut mieux jeter l'aliment.

Ces précautions prises, on tombera sûrement d'accord avec ceux qui pensent que rien ne vaut les conserves maison pour retrouver les saveurs de l'été sur sa table au cœur de l'hiver!

Société/habitudes...?

Une étude effectuée auprès de 8 000 Canadiens a révélé que, bien que très populaire, la mise en conserve n'est pas toujours effectuée dans les règles de l'art. Comme cette recherche l'a montré, quelque 32% des répondants (surtout de milieu rural) préparant leurs propres conserves le font par souci d'écono-

mie, et surtout par goût, et l'apprentissage est généralement oral: la mère donne ses secrets à ses enfants. Dans l'ensemble du pays, la pêche est le fruit qui est le plus souvent mis en conserve, tandis qu'au Québec, on privilégie la tomate, puis les haricots, les carottes et les betteraves.

La stérilisation en 12 points

Que l'on utilise l'une ou l'autre des méthodes de stérilisation recommandées, 12 points sont essentiels. (Sauf indication contraire, elles conviennent également aux deux méthodes.)

1. Ne conserver que le meilleur. Seuls des aliments frais et d'excellente qualité donneront de bons résultats.
2. Laver soigneusement les bocaux à l'eau chaude savonneuse et bien les rincer avant de s'en servir.
3. Stériliser les bocaux:
• (méthode à l'eau bouillante) en les couvrant d'au moins 2,5 centimètres (1 po) d'eau, en les portant à ébullition à feu vif et en laissant bouillir pendant 15 minutes;
• (méthode à la pression) en versant de 5 à 7,5 centimètres (2 à 3 po) d'eau dans la marmite, en la portant lentement à ébullition, en déposant les bocaux dans la marmite et en les gardant chauds jusqu'au moment de les remplir.
4. Activer le sceau en plaçant les couvercles dans l'eau bouillante cinq minutes avant l'utilisation. Cette opération permet de ramollir le scellant des couvercles.
5. Remplir les bocaux. Peu importe la quantité de préparation, on ne remplit à chaque fois que le nombre de bocaux qui entrent dans la marmite. On emplit et ferme les bocaux un par un, puis on les place immédiatement dans la marmite. On répète l'opération jusqu'à ce qu'il n'y ait plus de préparation.
6. Laisser de l'espace libre entre le contenu et le couvercle. Pour la méthode à l'eau bouillante, tout dépend du genre d'aliment. Par exemple, on compte 0,5 centimètre (1/4 po) pour les confitures et les gelées alors que l'on calcule 1 centimètre (1/2 po) pour les fruits, les cornichons et la relish, par exemple. Quand on utilise la méthode à pression, il faut toujours

prévoir 2,5 centimètres (1 po) de jeu entre le contenu et le couvercle.

7. Retirer les bulles d'air. Pour déloger les bulles qui se trouvent au fond du pot, on passe doucement une spatule contre la paroi du bocal. Au besoin, on emplit à nouveau.

8. Essuyer méticuleusement les bordures des bocaux avec un linge propre. Ceci permet de retirer toute particule d'aliment qui gênerait la fermeture du sceau hermétique.

9. Visser les bagues uniquement du bout des doigts, sans trop serrer.

10. Respecter le temps de traitement indiqué dans la recette. Si l'on utilise la méthode à l'eau bouillante, on éteint le feu à la fin du traitement, puis on retire les bocaux de l'eau bouillante sans toutefois resserrer les bagues. Par ailleurs, la méthode à pression exige que l'on ferme l'évent avec le poids ou selon le mode d'emploi prescrit. On règle ensuite la chaleur pour maintenir la pression recommandée et, une fois le traitement indiqué dans la recette terminé, on éteint le feu et on laisse la pression redescendre à zéro (1 heure environ). On retire les bocaux.

11. Vérifier le sceau. En refroidissant, les couvercles rentrent vers l'intérieur. Ils font alors un petit bruit sec. Ainsi fermés hermétiquement, ils ne doivent pas bouger quand on appuie dessus. On peut retirer les bagues vissées, qui ne sont plus nécessaires.

12. Étiqueter puis entreposer. Identifiées, datées et scellées adéquatement, les conserves se gardent indéfiniment à condition d'être placées dans un endroit sombre, frais et sec. Il est néanmoins préférable de les consommer dans les 12 mois.

Les progrès du micro-ondes

par Josée Beaudet, Dt.P.

S'il est un appareil ménager bien de notre temps, c'est sans aucun doute le four à micro-ondes. Pour certains, chez qui il a pris place depuis bon nombre d'années, c'est un outil miracle. Pour d'autres, il demeure un accessoire méconnu et sous-utilisé, quand il ne suscite pas la crainte. Qu'en est-il au juste?

Véritablement adapté aux exigences de la vie moderne, le four à micro-ondes fait des merveilles. Il permet de cuire ou de réchauffer un repas en moins de deux. De plus, il est tout indiqué pour la cuisson des légumes. Comme ils ne baignent pas dans l'eau et qu'ils cuisent rapidement, ils conservent une grande partie de leurs vitamines. Et puis, le micro-ondes se prête parfaitement à la préparation des sauces et des desserts au lait. Il permet en effet de dire adieu aux casseroles collées si difficiles à récurer.

Des inconvénients minimes

Mais comme à toute médaille il y a un revers, il faut aussi admettre que le micro-ondes convient surtout aux petites portions. Dès que les quantités augmentent, l'uniformité de la cuisson en souffre. On peut toutefois réduire ce problème en couvrant le plat de cuisson. Pour obtenir de meilleurs résultats, on replacera les aliments en cours de cuisson. En outre, il faut savoir que des morceaux d'égale épaisseur disposés sur le pourtour du plat cuiront plus uniformément.

En raison de la technique de propagation de la chaleur propre au micro-ondes, on ne peut s'attendre à obtenir un beau fini doré pour les gâteaux, muffins, gratins, etc., pas plus qu'un brunissage parfait des viandes (sauf si l'on se sert d'un plat à brunir). Bref, si l'on acquiert une bonne connaissance de l'appareil et qu'on l'utilise adéquatement, on ne lui trouvera que des avantages.

Des inquiétudes sans fondement

Certaines craintes persistant quant aux effets du micro-ondes, il n'est pas inutile de rétablir la vérité. Tout d'abord, il est faux de croire que les ondes sont toujours présentes dans les aliments une fois la cuisson terminée. Seule la chaleur permet à l'aliment de continuer de cuire après la sortie du four. Ensuite, certains craignent que des substances toxiques issues des contenants ou des pellicules de plastique pénètrent les aliments. En l'occurrence, il faut admettre que la prudence est de rigueur. Cela dit, l'emploi de contenants spéciaux élimine les risques.

Si l'on se sert de récipients que l'on possède déjà, on doit savoir qu'en règle générale un récipient qui ne se déforme pas au lave-vaisselle résiste au micro-ondes. Quant aux pellicules de plastique, destinées à conserver l'humidité des aliments pendant la cuisson, elles ne doivent jamais entrer en contact avec la nourriture. Elles ne doivent pas non plus recouvrir complètement le contenant, car il faut laisser l'air s'échapper en cours de cuisson.

Enfin, il n'y a pas à craindre que des ondes nocives s'échappent de l'appareil. Tant que la porte et le joint d'étanchéité sont en bon état et qu'ils ne sont pas obstrués, il n'y a pas de raison de s'inquiéter. Seule une quantité minime d'ondes réussit à les franchir et Santé Canada considère que cela ne présente aucun danger. En outre, au fur et à mesure que l'on s'éloigne du four, l'intensité du rayonnement diminue. On comprendra cependant qu'il est essentiel de nettoyer régulièrement la porte et le joint d'étanchéité avec un savon ou un détergent doux non abrasifs. Le récurage de l'intérieur du four permet aussi d'éviter les risques de contamination bactérienne.

Une batterie nouvelle vague

Il semble évident qu'à cette cuisine nouveau style, il faille adapter les ustensiles. Mais ici, adapter ne veut pas dire tout changer. Ainsi, plusieurs accessoires conventionnels sont excellents pour la cuisson au micro-ondes, à condition qu'il ne s'agisse pas de contenants métalliques ni d'ustensiles renfermant du plomb ou de plats décorés d'or et d'argent. Le plastique, la céramique, la porcelaine, le pyrex et le verre sont parfaits. Il faut seulement éviter d'utiliser la porcelaine fine et les verres minces ou égratignés. À noter que les plats ronds ou ovales à bords droits permettent une cuisson plus uniforme.

Pour déterminer si un ustensile convient, il suffit de le placer dans le four et de glisser un verre d'eau à l'intérieur. On chauffe le tout une minute à la température maximale. Si le contenant ressort chaud alors que le verre d'eau est tiède, le premier n'est pas recommandé. Le bois et le bambou réagissent bien au micro-ondes, pendant de courtes périodes cependant. Pour réchauffer une corbeille de pain, par exemple.

Le papier paraffiné peut remplacer la pellicule de plastique. Bien que la cire fonde légèrement, elle n'est pas nocive pour la santé. Les sacs de cuisson en plastique sont sécuritaires, en raison de leur résistance à la chaleur, mais ils doivent être perforés et attachés avec de la ficelle ou un élastique plutôt qu'avec des attaches métalliques. La mousse de polystyrène est déconseillée, car elle fond à la chaleur. Les adeptes du micro-ondes trouveront sur le marché une vaste gamme d'accessoires spéciaux, comme des plats brunisseurs, grilles à rôtir, thermomètres, moules à gâteau ou à muffins, etc. Ainsi, nos craintes surmontées et l'appareil apprivoisé, on découvrira un très utile allié pour cuisiner sainement en un minimum de temps.

Roulé de dinde farci au riz sauvage

8 portions
900 g (2 lb) de dinde hachée
125 ml (1/2 t) de chapelure non assaisonnée
125 ml (1/2 t) d'oignon haché fin
50 ml (1/4 t) de ketchup
1 œuf battu
1 blanc d'œuf battu
50 ml (1/4 t) de persil frais haché
1 ml (1/4 c à thé) de moutarde sèche
1 ml (1/4 c à thé) de poivre

Farce
250 ml (1 t) de fleurettes de brocoli
125 ml (1/2 t) de champignons frais hachés
50 ml (1/4 t) de poivron rouge haché
30 ml (2 c à soupe) d'eau

1 gousse d'ail hachée
250 ml (1 t) de riz sauvage cuit

Mélanger tous les ingrédients — sauf ceux de la farce — dans un grand bol. Tapisser de papier paraffiné un moule de 33 cm x 22,9 cm (13 po x 9 po). Étendre la préparation et l'égaliser jusqu'à ce qu'elle ait 1 cm (1/2 po) d'épaisseur.

Mélanger les ingrédients de la farce — sauf le riz sauvage — dans un bol allant au micro-ondes. Cuire 3 ou 4 minutes, à intensité maximale, jusqu'à ce que les légumes soient tendres. Égoutter et ajouter le riz. Étaler sur la préparation de dinde jusqu'à 2,5 cm (1 po) des bords.

Démouler le pain de dinde en formant un rouleau serré à l'aide du papier paraffiné. Déposer dans un moule à pain de 22,9 cm x 12,7 cm (9 po x 5 po). Cuire au micro-ondes, à intensité moyenne, de 15 à 30 minutes ou jusqu'à ce que le thermomètre à cuisson indique 74 °C (165 °F). Sortir du four, couvrir et laisser reposer 5 minutes avant de servir.

Source: *Low-Fat Microwave Meals*, par Barbara Methven.

La fraîcheur par le froid

par Nathalie Lacourse, Dt.P.

**Viande, volaille, poisson, mets cuisinés, desserts préparés...
presque tout se congèle. Et c'est bien pratique. Aussi, en
consommateurs avisés, nombreux sont ceux qui cuisinent de
grandes quantités de leurs mets préférés pour les congeler
par la suite. Quelques recommandations utiles...**

P our gagner du temps et se faciliter la vie, certains font d'amples provisions de viande, de volaille, de poisson ou de fruits et légumes frais qu'ils
gardent au congélateur. C'est très bien, mais attention! Si l'on ne respecte pas certaines règles, on risque de malencontreux inconvénients...

Des avantages incontestés

Les aliments se détériorent rapidement à la température de la pièce. Il faut donc
éviter de laisser les produits susceptibles de s'abîmer (plus particulièrement la
mayonnaise, la viande, les œufs et le lait) à la température ambiante pendant
plus de deux heures. Plus ils demeurent à cette température, plus les micro-
organismes risquent de se développer.

Les aliments congelés résistent mieux à l'envahissement des micro-
organismes — bactéries, levure, moisissures — et des enzymes, dont la proliféra-
ration est ralentie par le froid. En outre, bien que la congélation diminue le
rythme de croissance des micro-organismes, il ne faut pas croire qu'une température de -18°C (0°F) soit suffisamment basse pour les détruire complètement. Cette température n'en affecte qu'une infime partie. Attention donc
à la température du congélateur!

Les conditions idéales

S'il faut surveiller de près la température du congélateur, il faut aussi s'assurer
que les aliments sont emballés dans des contenants hermétiques avant d'être
rangés quelques jours, quelques semaines ou quelques mois. Ils seront ainsi

préservés du dessèchement que provoquent les basses températures et le manque d'humidité du congélateur. De plus, les aliments congelés perdent de l'eau au contact de l'air sec et leur apparence, leur texture, leur goût ainsi que leur valeur nutritive peuvent être affectés. Il est donc recommandé de les placer dans des sacs spécialement conçus pour la congélation.

On choisira, en fonction de ses besoins, des sacs ou des boîtes en plastique ou des contenants en aluminium. Les sacs en plastique, moins coûteux que les boîtes, permettent de voir le contenu. En revanche, ils sont difficiles à ranger et occasionnent des pertes d'espace. Afin de s'assurer d'un maximum de fraîcheur, on en retirera l'air à l'aide d'une paille avant de les fermer. Pour leur part, les boîtes en plastique offrent un bon rapport qualité-prix, car leur coût d'achat plutôt élevé est amorti sur plusieurs années. Les boîtes carrées et rectangulaires permettent une meilleure utilisation de l'espace que les rondes. Quant aux contenants en aluminium, ils sont les préférés des gens pratiques qui aiment faire passer directement leurs mets cuisinés favoris du congélateur au four. De plus, on peut les réutiliser.

Quelle que soit la forme du contenant, on veillera à ce qu'il ne soit pas trop profond afin d'accélérer la congélation. De plus, on recouvrira d'un sac en plastique pour la congélation les emballages de viande fraîche, car ces derniers ne sont pas conçus pour cela. Comme ils laissent passer air et eau, la viande a tendance à se dessécher.

Conseils

Mis à part la mayonnaise, la sauce à salade, le yogourt maison, les soupes à base de lait, les desserts au lait ou à la gélatine, presque tous les aliments se congèlent. Voici un petit guide qui vous aidera à bien utiliser votre congélateur:

Temps de congélation	Aliments
1 mois	*crème de table et à fouetter*
1-2 mois	*viande fumée, charcuterie, sandwich (sans mayonnaise), lait*

2 mois	pâte à tarte non cuite, poisson gras (saumon, truite, maquereau)
2-3 mois	viande hachée crue, saucisse, toute viande cuite
1-3 mois	volaille cuite
3 mois	beurre non salé, fromage (pâte dure et molle), canard et oie crus, mets en casserole et pâté à la viande cuits, foie et abats crus, fruits de mer
4 mois	biscuits, gâteaux cuits, potages, bouillons, crèmes, blancs et jaunes d'œuf crus
4-5 mois	veau cru
6 mois	tartes aux fruits non cuites, poissons maigres (morue, aiglefin, brochet, éperlan), margarine, volaille crue
8-10 mois	agneau et porc crus
10-12 mois	bœuf cru

En cas de panne d'électricité, les aliments resteront congelés deux jours si le congélateur est plein et seulement 24 heures s'il n'est qu'à moitié plein. Mieux vaut donc utiliser votre congélateur à plein régime.

Le choix des repas surgelés

par Nathalie Durand, Dt.P.

Des repas complets surgelés, il y en a pour tous les goûts. Des fritures en sauce à la cuisine minceur, en passant par les mets exotiques, chacun peut trouver de quoi lui plaire. Faciles et rapides à préparer, ces menus comptent de nombreux adeptes. Il suffit de savoir choisir.

A vant de faire son choix, il faut savoir que, dans ces repas comme dans tout autre, la variété et l'équilibre sont les règles les plus importantes. Aussi, pour combler nos besoins nutritifs, le repas doit se conformer aux normes définies par le *Guide alimentaire canadien pour manger sainement*. Idéalement, il devrait inclure des aliments des quatre groupes alimentaires. S'il ne comprend aucun produit laitier, on devra l'accompagner d'un verre de lait ou d'un dessert à base de lait. Si la portion de fruits et de légumes semble insuffisante, on ajoutera au menu une salade verte ou une salade de fruits frais. Ainsi, nous ne privilégierons pas la facilité au détriment de la qualité.

Choisir attentivement

Les repas surgelés répondent bien aux exigences de la vie contemporaine. Prêts en un clin d'oeil, ils vont du congélateur au four ou au micro-ondes et à la table en l'espace de quelques minutes. Par ailleurs, ils sont offerts dans une grande variété de recettes comprenant viande, volaille, poisson ou fruits de mer. Tout est donc matière de goût.

On choisira selon ses préférences, mais en gardant en tête les deux points suivants: la teneur en sel et la teneur en matières grasses. À cet effet, la lecture de l'information nutritionnelle sur les emballages est indispensable. Le sel rehaussant la saveur des aliments, il est largement utilisé dans la préparation de ce genre de repas. Le gras, quant à lui, protège contre le dessèchement. C'est donc dire que les fabricants ne le négligent pas non plus.

Trois catégories à distinguer

On peut classer les repas surgelés en trois catégories en fonction de leur teneur en gras. La première comprend les repas de faible qualité nutritive mais à valeur élevée en matières grasses. Ils se composent généralement d'aliments frits et de sauces. Ils contiennent peu ou pas de légumes verts, de fruits ou de produits laitiers et sont habituellement très salés. À éviter autant que possible puisqu'ils renferment beaucoup de calories mais très peu d'éléments nutritifs essentiels.

À l'autre extrême du spectre, les repas-minceur. Afin d'atteindre une teneur en calories extrêmement basse, les fabricants en contrôlent la quantité de lipides. Mais restriction énergétique et bonne nutrition ne vont pas nécessairement de pair. Il faut donc s'assurer que la grosseur des portions est conforme à celle que recommande le *Guide alimentaire canadien pour manger sainement*. Par exemple, la portion de viande doit être de l'ordre de 50 à 100 grammes par personne. Heureusement, cette catégorie se caractérise par une grande diversité. Elle comprend des fruits de mer, des poissons, de la volaille, des pâtes alimentaires ainsi que de nombreux légumes. Cependant, comme la plupart des sauces sont dégraissées et faites à base d'amidon et de gomme, elles manquent parfois de saveur et ont tendance à devenir collantes.

Le faible contenu en matières grasses des repas-minceur les rend sensibles aux variations de température, variations qui provoquent la détérioration des cellules des aliments. Par conséquent, l'eau s'échappe et l'aliment se dessèche. Lors de la décongélation, l'eau qui s'écoule entraîne avec elle minéraux et vitamines. En raison de la fragilité des repas-minceur, on portera une attention particulière à la date de péremption. Par ailleurs, on notera qu'ils coûtent plus cher.

Entre ces deux catégories se logent des repas surgelés dont le rapport qualité-prix est tout à fait justifié. Ainsi, pour un prix plus raisonnable, certains fabricants offrent des menus qui ne présentent pas les vices de la première catégorie en plus d'être variés et équilibrés. Ils constituent donc une option intéressante.

Mettre à profit le temps gagné

Bref, il y a toutes sortes de repas surgelés qui permettent de s'alimenter sainement sans se compliquer l'existence. Adieu casseroles et vaisselle! Céder à la facilité n'est pas un mal si l'on respecte les règles de base d'une alimentation de qualité. Et si l'économie de temps réalisée permet de pratiquer une activité physique... on aura d'autant plus raison de prendre congé de la cuisine de temps en temps!

La mode des conserves

par Diane Martineau, Dt.P. et Frédéric Blaise, Dt.P.

Du fumage au séchage en passant par l'utilisation de sucre, d'alcool et de sel, l'homme a toujours fait preuve d'ingéniosité pour préserver le fruit de ses récoltes. Aujourd'hui, c'est plutôt la mise en conserve domestique qui obtient la faveur populaire.

Cette technique a vu le jour en 1809 lorsque le confiseur Nicolas Appert réussit à conserver des fruits, des légumes et de la viande dans des bocaux de verre fermés hermétiquement et chauffés à l'eau bouillante. Au cours des décennies suivantes, cette technique de conservation a grandement évoluée, mais son principe de base demeure toujours le même.

Une tradition au goût du jour

On chauffe des bocaux d'aliments à des températures assez élevées pour détruire les micro-organismes et les enzymes qui, autrement, les détérioreraient. Ensuite, on peut les garder pendant des mois. Ce qui permet par exemple de savourer avec plaisir un délicieux chutney en n'importe quelle saison.

Parler de mise en conserve, c'est un peu faire le point sur toute une tradition. Car, aujourd'hui comme hier, la préparation des conserves embaume la maison de riches arômes de fruits, de légumes, de fines herbes ou d'épices avant que l'on emprisonne toute la fraîcheur et la chaleur de l'été. La mise en conserve domestique attire de plus en plus d'adeptes et plusieurs raisons expliquent cette popularité.

Toutes sortes de recettes

Tout d'abord, il faut noter un goût de plus en plus marqué pour une grande variété d'aliments de qualité et pour la «personnalisation» des mets. Mais au-delà du goût, la mise en conserve domestique offre un avantage considérable du point de vue économique. Elle permet de profiter toute l'année des récoltes de l'été, quand les produits frais coûtent le moins cher. Tous ces éléments favorisent une véritable tendance-passion pour ces délices maison.

Aussi surprenant que cela puisse paraître, il est possible d'apprêter des plats exquis et dignes de la fine gastronomie en utilisant des aliments mis en conserve à la maison. Pensons, par exemple, à un filet de porc nappé d'une sauce aux pommes délicatement épicée... En effet, l'univers des conserves domestiques ne se limite pas aux confitures et aux gelées. Plusieurs recettes permettent de découvrir des combinaisons délicates d'épices, de fines herbes, de fruits et de légumes qui transforment n'importe quel aliment en un mets haut de gamme.

Une technique à maîtriser

Pour que les conserves ne présentent pas de danger pour la santé, il importe de respecter certaines règles. Premièrement, il faut choisir des aliments de qualité, mûrs à point et fraîchement cueillis. Puis, on opte pour des pots de verre spécialement conçus pour la mise en conserve. En plus d'être hermétiques, ils doivent pouvoir supporter la chaleur. Avant la mise en pot, on passe à la stérilisation. Une fois les aliments dans les bocaux, on doit tenir compte des concentrations de sel, de sucre et d'acidité, car ces facteurs influenceront la durée du traitement et la méthode que l'on adoptera pour détruire les micro-organismes et les enzymes.

On constate qu'avec le temps et les connaissances, certaines vieilles habitudes ont été abandonnées. L'un des exemples les plus probants est sans doute la mise au rancart du scellage à la paraffine. Comme cette dernière se contractait au froid et laissait passer les micro-organismes, les conserves se gâtaient.

Bref, si l'expérience vous tente, assurez-vous d'obtenir des conseils dignes de foi, car l'improvisation n'est pas suggérée dans la préparation de conserves «maison», chaque produit mis en conserve requérant un traitement particulier.

Peser le pour et le contre du vrac

par Martine Gaudreault, Dt.P.

**Des barils et des récipients remplis d'épices, de pâtes ali-
mentaires, de grignotises, de friandises... Dans la plupart des
supermarchés québécois, on trouve aujourd'hui des sections
d'aliments en vrac. Cela permet d'acheter uniquement les
quantités désirées, à prix très avantageux.**

Les économies que permettent généralement de réaliser les achats en
vrac sont particulièrement importantes quand il s'agit de fines herbes
ou d'épices. Par exemple, le prix du basilic séché est environ 10 fois
moindre en vrac. Une différence qui en dit long et qui devrait nous inciter à
recycler les bouteilles de verre vides.

Quant à la variété des fines herbes et des épices en vrac, elle est nettement
supérieure à celle des produits embouteillés. Il suffit de penser aux mélanges
d'épices indiennes, au fenugrec, aux bâtons de cannelle, aux gousses de vanille,
aux graines de pavot et aux baies de toute-épice ou de genièvre, des produits
difficiles à trouver ailleurs que dans les rayons de vrac ou chez les commerçants
spécialisés. Alors pour les essais, le vrac, c'est l'idéal. D'autant plus qu'en achetant de petites quantités, on s'assure d'avoir sous la main des ingrédients frais
et regorgeant de saveur.

Quelques réserves

Il en va de même pour les fruits séchés. L'éventail s'étend des figues de
Calymyrna aux gigantesques dattes Medjool en passant par les tranches de
pommes, de poires ou de pêches ou les cerises et les canneberges qui ajoutent
de l'inédit à nos recettes et à nos menus. Mais attention! Certains fruits, la
papaye et l'ananas notamment, ne sont pas aussi purs que l'on serait porté à le
croire. Pour les conserver, on a dû les tremper dans une solution de sucre. Quant
aux «chips» de bananes, elles sont frites, d'où leur teneur élevée en matières
grasses.

Il reste que les rayons de vrac offrent nombre de grignotises saines et nourrissantes à bon prix se comparant avantageusement aux croustilles et sucreries courantes : maïs soufflé assaisonné, maïs grillé, croustilles à basse teneur en gras et en sel, graines et noix de toutes sortes, mélanges de fruits séchés. Et ce qu'il y a de bien, c'est qu'on achète exclusivement la quantité que l'on désire. Donc, pas de gaspillage !

Même le beurre d'arachides

Le beurre d'arachides «maison» réserve aussi de bien bonnes surprises. Et ce, non pas en raison de son prix, mais de sa composition. En effet, il ne contient généralement que des arachides. En outre, dans certains établissements, on peut même le faire soi-même. Contrairement au beurre d'arachides commercial, il ne renferme aucune huile hydrogénée, ni sucre, ni sel, ni additif. Même sans sel ni sucre, son équivalent habituel contient des graisses hydrogénées — qui ne sont pas recommandées si l'on se soucie de la qualité des gras que l'on consomme — et des additifs en quantité.

Pour ce qui est de la conservation, on doit savoir qu'il vaut mieux garder le beurre d'arachides «maison» au frigo si l'on ne le finit pas au cours du mois suivant l'achat. En outre, son goût risque de surprendre tous ceux qui en consomment pour la première fois. Mais après quelques tentatives, on s'habitue, et ensuite on ne peut plus s'en passer!

Rien à perdre, tout à gagner

Compte tenu de la composition des aliments en vrac et de la manipulation à laquelle ils sont soumis, certains redoutent qu'ils présentent des risques de contamination. En fait, comme la plupart d'entre eux sont peu périssables, on peut ici parler de risque calculé. De plus, leur conservation est réglementée par de rigoureuses normes d'hygiène et de salubrité, et des inspections sont effectuées régulièrement.

Par ailleurs, les commerçants consciencieux effectuent une rotation régulière de la marchandise afin d'en assurer la fraîcheur. D'autres gages de qualité: des récipients couverts et clairement identifiés (poids et prix). On privilégiera aussi les denrées pour lesquelles l'aide d'un préposé est nécessaire ou qui sont entreposées dans des distributrices à sens unique. Tout bien pesé, les aliments vendus en vrac comportent plus d'avantages que d'inconvénients.

L'esprit communautaire jusque dans la cuisine

par Catherine Johnstone, Dt.P.

Que peuvent bien avoir en commun Montréal, Lima, au Pérou, et la plupart des grandes villes canadiennes? Réponse: des citoyens débrouillards qui, faisant preuve d'un grand esprit d'entraide, ont mis sur pied des cuisines collectives.

A u Québec, la première cuisine collective a vu le jour en 1984 au cœur du quartier Hochelaga-Maisonneuve, à Montréal. Deux intervenantes communautaires y menaient une enquête quand elles entendirent parler d'un trio peu commun. Une jeune mère, sa sœur et une voisine, trois femmes dynamiques qui avaient pris l'initiative de cuisiner ensemble pour partager les frais des repas de leurs familles respectives. Elles bouclaient ainsi leurs fins de mois plus aisément. L'idée fit son petit bonhomme de chemin. Tant et si bien que, depuis ce jour, le Québec a vu se former plus de 450 regroupements du genre, et ce, dans tous les milieux.

Au Pérou, cela fait plus d'une quinzaine d'années qu'une municipalité de la banlieue de Lima possède des *comedores populares,* ou cuisines populaires. Ouvertes six jours sur sept, elles sont destinées à nourrir les familles du quartier. Ici, les femmes cuisinent ensemble à tour de rôle pour préparer des repas nutritifs que chacun rapporte à la maison. L'idée a donc fait ses preuves au Nord comme au Sud.

Le modèle québécois

Au Québec, chaque groupe compte de trois à cinq membres qui nourrissent en moyenne une douzaine de personnes. Les participants se rencontrent en général deux fois par mois. La première réunion sert à planifier les menus et à dresser la liste des achats, qui sont souvent faits en fonction des aubaines offertes dans les supermarchés. Au cours de la seconde rencontre, on cuisine, on rit, on échange autour des mets qui mijotent sur le feu. On se retrouve habituellement dans une cuisine d'église, de centre communautaire ou d'école. Il peut aussi arriver que l'on se rejoigne chez l'un ou l'autre des membres du groupe. À la fin de la journée, chacun repart avec les portions qui lui reviennent.

Certains groupes font même appel aux services d'un diététiste/nutritionniste afin de mettre au point des menus équilibrés. Ce dernier leur fait des suggestions en plus de leur proposer des moyens simples et économiques pour adapter diverses recettes en fonction de leurs goûts et de leurs besoins. Il peut également les renseigner sur les techniques de cuisson, d'hygiène et de salubrité. Dans les groupes où les membres sont contraints à des régimes particuliers — aînés, malades cardiaques, diabétiques, etc. —, il s'avère souvent indispensable.

Des économies et des amis

Parmi les avantages des cuisines collectives, on note, bien sûr la possibilité d'économiser. Voyons à quoi pourrait ressembler le coût d'un tel service pour une famille monoparentale de trois enfants. Si le parent rapporte à la maison quatre parts de chacun des cinq mets préparés par le groupe, et que chaque portion coûte un dollar, on comprend facilement que vingt dollars suffisent alors pour bénéficier de repas familiaux d'une grande qualité.

Mais l'économie n'est pas l'unique objet des cuisines collectives même si, à l'origine, elles visaient essentiellement la planification de menus santé au moindre coût. Aujourd'hui, elles servent aussi à lier des amitiés en faisant se rencontrer des personnes désirant briser leur isolement ou ayant de la difficulté à cuisiner, comme des handicapés physiques, par exemple. En outre, elles offrent la chance à des travailleurs dont les horaires varient sans cesse — infirmières et infirmiers ou travailleurs d'usine notamment —, de toujours avoir sous la main des petits plats maison. Par ailleurs, tous ceux qui suivent des tendances alimentaires spécifiques, les végétariens entre autres, pourraient se rassembler pour partager leurs découvertes, leurs recettes et leurs bons trucs.

En somme, les cuisines collectives représentent une solution positive et innovatrice à des problèmes comme l'isolement, le manque de ressources financières ou l'absence de connaissances en matière d'alimentation. Et ne sont-elles pas une lueur au bout du tunnel en cette fin de siècle parfois troublante? Tous ceux que le sujet intéresse peuvent s'adresser à leur CLSC, à leur centre communautaire, à leur presbytère ou encore au Regroupement des cuisines collectives du Québec, à Montréal.

La sécurité alimentaire est-elle un luxe?

par Annie Langlois, Dt.P.

En 1996, des statistiques alarmantes ont révélé qu'une personne sur cinq vivait dans la pauvreté au Québec, le taux le plus élevé au Canada. Des chiffres qui ont incité l'Ordre professionnel des diététistes du Québec à déclarer la guerre à l'insécurité alimentaire.

En 1948 déjà, la Déclaration universelle des droits de l'homme précisait que «toute personne a droit à un niveau de vie suffisant pour assurer sa santé, son bien-être et ceux de sa famille, notamment pour l'alimentation». Le Pacte international sur les droits économiques, sociaux et culturels de 1966 déclarait par ailleurs que «les États (...) reconnaissent le droit de toute personne à un niveau de vie suffisant pour elle-même et pour sa famille, y compris une nourriture, un vêtement et un logement suffisants (...) Ils prendront les mesures appropriées pour assurer la réalisation de ce droit».

Une prise de position officielle

Peut-être avez-vous remarqué que le visage de la pauvreté au Québec a pris une nouvelle allure au cours des dernières années. Le nombre de nouveaux pauvres qui ont maintenant recours aux services de dépannage alimentaire d'urgence est à la hausse. Plusieurs de ces personnes ont travaillé de nombreuses années avant de se retrouver dans cette situation.

L'Ordre professionnel des diététistes du Québec s'inquiète de cette tendance et craint pour la sécurité alimentaire, nutritionnelle, physique et mentale d'une proportion importante de Québécois et, encore plus spécialement, de Québécoises. C'est pourquoi l'Ordre a pris officiellement position sur ce sujet d'intérêt public en 1996 afin de sensibiliser la population au problème de la faim au Québec.

Des manques significatifs

Peu de données québécoises existent à propos de l'état nutritionnel des personnes à faibles revenus et de l'impact de l'insécurité alimentaire sur la santé physique et mentale. L'enquête québécoise sur la nutrition de 1990 a indiqué que les apports en vitamine C et en calcium étaient significativement plus faibles chez les adultes à faibles revenus. Des carences en nutriments essentiels au bon fonctionnement de l'organisme nuisent bien entendu à l'état nutritionnel, mais peuvent également conduire à des problèmes d'ordre physiologique et mental et, par conséquent, contribuer à alourdir les coûts du réseau de la santé.

L'éducation en nutrition devient un élément essentiel lorsque le revenu est limité. Elle permet notamment de former les personnes sur les moyens à privilégier pour optimiser les choix d'aliments nutritifs et économiques. Cela dit, en dépit de toutes les connaissances en matière d'achat et de préparation des aliments, il est clair qu'un revenu insuffisant ne permet pas de s'alimenter convenablement.

Une action concertée

Conscients de ce fait, des diététistes/nutritionnistes collaborent déjà avec des organismes communautaires d'aide et d'entraide, de prise en charge et de création d'emplois dont la mission consiste à améliorer la sécurité alimentaire des personnes et des familles qui ont faim tout en respectant leur dignité. Mais les besoins sont grands et requièrent un vaste effort concerté.

Afin de lutter efficacement contre la faim de notre collectivité, l'Ordre professionnel des diététistes du Québec recommande dans son document intitulé *Agir ensemble pour contrer l'insécurité alimentaires* diverses stratégies qui guideront les gouvernements, les régies régionales, les universités, l'industrie agroalimentaire, l'ensemble des décideurs sociaux et économiques et, enfin, les entreprises québécoises vers des actions concrètes pour faire front commun contre l'insécurité alimentaire au Québec.

Des fêtes sans arrière-goût

par Lise Labonté, Dt.P.

On se retrouve en famille, on s'invite entre amis, on s'amuse, on mange... et on tombe malade! Pourtant, on a pris soin d'acheter de bons produits, de peaufiner ses recettes, de mettre les petits plats dans les grands. Oui, mais rien ne sert de se donner du mal si les bactéries sont en marche.

Pour que la réception ait tout le succès escompté, on doit accorder une attention particulière à la fraîcheur des aliments et des mets. Après s'être donné tant de mal, quelle tristesse si les convives devaient souffrir d'un empoisonnement alimentaire, avec pour conséquences, des nausées, des vomissements, des crampes abdominales et de la fièvre! Sans compter que certaines intoxications mènent à l'hospitalisation. Attention donc à l'achat, à la conservation et à la préparation des aliments.

Une course contre la montre

L'empoisonnement est provoqué par des aliments contaminés, c'est-à-dire des aliments dans lesquels des bactéries ou des toxines se sont développées. Les milieux chauds, humides et faiblement acides (œufs, lait et viande par exemple) sont de réels terrains de prédilection. En outre, les bactéries se multiplient plus rapidement à une température qui se situe entre 4°C (40°F) et 60°C (140°F). Dans cette zone critique, leur nombre double toutes les 15 minutes. Il suffit de deux heures à peine pour qu'une bactérie en devienne 250! C'est dire à quelle vitesse elles se propagent et deviennent nocives.

On choisit de préférence des aliments qui supportent bien la chaleur et on surveille de près ceux qui sont le plus susceptibles d'être contaminés: les viandes et les volailles cuites ou crues; les plats ou les salades à base de viande, de poisson ou de fruits de mer; les poissons et les fruits de mers crus ou cuits; les sauces (la mayonnaise notamment); le lait et les produits laitiers (flans, poudings, crème fouettée ou pâtissière, entre autres); les œufs crus ou cuits; les céréales et les légumes cuits.

Comme la présence de bactéries ne modifie pas nécessairement l'apparence, l'odeur ni le goût des aliments, on ne peut s'y fier pour juger de leur salubrité. Les bactéries sont si petites qu'il en faudrait 500 millions pour couvrir la surface d'un timbre poste!

Le choix et la conservation

Pour des aliments frais et de qualité, on fait ses emplettes chez un marchand de bonne réputation. Question de confiance. On s'assure que les aliments froids y sont conservés au réfrigérateur et que les surgelés n'ont jamais dégelé. Pour leur part, les œufs doivent présenter une coquille propre et sans fêlure. Et les boîtes de conserve ne doivent pas être bombées, bossées ni rouillées.

On sait tous comme il est important de conserver les denrées dans des conditions sécuritaires. À la maison, on se fait un devoir de garder les aliments froids à des températures inférieures à 4°C (40°F) et les surgelés à -18°C (0°F) au plus. La décongélation se fait au réfrigérateur ou au micro-ondes, car la température ambiante permettant aux parties externes des denrées de dégeler plus rapidement que l'intérieur, elles sont exposées aux températures critiques pendant plusieurs heures. D'où un risque de prolifération des bactéries.

La cuisson sécuritaire

Si les bactéries se multiplient très bien toutes seules, elles ont besoin d'aide pour se déplacer. En nettoyant soigneusement tous les ustensiles et les accessoires de cuisine et en se lavant les mains entre les manipulations, on ne les transportera pas d'un aliment à l'autre.

La cuisson leur règle leur compte à condition que les aliments atteignent une température interne bien précise. Aussi, il faut veiller à ce que la volaille soit à 85°C (185°F); le bœuf, à 60°C (140°F); le porc et le veau, à 80°C; (170°F) et l'agneau, à 65°C (149°F). En outre, on ne doit jamais laisser attendre les plats entre la fin de la cuisson et le service. Si un délai est inévitable, on conserve les aliments chauds au chaud (60°C ou 140°F au moins) et les froids au froid (4°C ou 40°F au plus).

Aucun mets ne séjourne plus d'une heure à la température ambiante sans risque. Il est important de se souvenir de ces principes si l'on veut échapper aux empoisonnements alimentaires et servir des repas d'apparat dont les invités ne tarissent pas d'éloges!

Table des matières

Aux sources de l'équilibre

Aux quatre saisons de la vie

Au cœur du quotidien